FRIEDRICH ENGELS ET LA GUERRE DES PAYSANS ALLEMANDS

Collection « Ouverture philosophique »
Série « Bibliothèque »
dirigée par
Jean-Marc Lachaud et Bruno Péquignot

Une collection d'ouvrages qui se propose d'accueillir des travaux originaux sans exclusive d'écoles ou de thématiques.

Il s'agit de favoriser la confrontation de recherches et des réflexions, qu'elles soient le fait de philosophes « professionnels » ou non. On n'y confondra donc pas la philosophie avec une discipline académique ; elle est réputée être le fait de tous ceux qu'habite la passion de penser, qu'ils soient professeurs de philosophie, spécialistes des sciences humaines, sociales ou naturelles, ou… polisseurs de verres de lunettes astronomiques.

La série « Bibliothèque » comporte des ouvrages qui inaugurent ou complètent la connaissance des philosophes en explorant leur problématique, leur argumentation et leur héritage.

Dernières parutions

Martin MEULIN, *La raison de la tradition. De l'éthique à la politique par l'entrelacement de la culture et des vertus. Aristote et MacIntyre*, 2020.
Pascal GAUDET, *La fondation de l'humain, Recherche kantienne,* 2019.
Daniel HOROWITZ, *Leibowitz ou l'absence de Dieu*, 2019.
Arno MÜNSTER (en collaboration avec Fabio Mascaro Querido), *Le marxisme « ouvert » et écologique de Michael Löwy. Hommage à un intellectuel « nomade »*, 2019.
Paul DUBOUCHET, *Girard et Tresmontant, balayeurs et constructeurs. Pour le monothéisme*, 2019.
Pascal GAUDET, *Le projet démocratique. Recherche kantienne*, 2018.

Nikos Foufas

FRIEDRICH ENGELS ET LA GUERRE DES PAYSANS ALLEMANDS

5-7, rue de l'Ecole-Polytechnique, 75005 Paris
http://www.editions-harmattan.fr
ISBN : 978-2-343-20770-4
EAN : 9782343207704

À Carla Tomazini

À ma mère, Anastasia

À Giorgos Fourtounis

Le peuple allemand a, lui aussi, ses traditions révolutionnaires. Il fut un temps où l'Allemagne a produit des hommes qu'on peut comparer aux meilleurs révolutionnaires des autres pays, où le peuple allemand fit preuve d'une endurance et d'une énergie qui, dans une nation centralisée, eussent donné les résultats les plus grandioses, où les paysans et les plébéiens allemands caressèrent des idées et des projets devant lesquels leurs descendants frémissent assez souvent d'horreur aujourd'hui encore.

Friedrich Engels

"*Omnia sunt communia*"

Parole attribuée à Thomas Müntzer

Introduction

La Guerre des paysans allemands qui a eu lieu entre 1524 et 1525 dans le Saint-Empire romain germanique (800/962-1806)[1], appelée aussi parfois comme le « Soulèvement de l'homme ordinaire » (en allemand *Erhebung des gemeinen Mannes*)[2] ou designée souvent en français comme la révolte des Rustauds, a été un des événements les plus révolutionnaires et les plus violents de l'histoire du monde germanique. Friedrich Engels (1820-1895) l'a étudiée d'une façon minutieuse et très innovante vers la fin des années 1840, publiant en 1850 un ouvrage sur ce sujet avec le titre *La Guerre des paysans en Allemagne*[3]. À nos yeux, cet ouvrage de Friedrich Engels constitue une contribution majeure et ceci principalement pour deux raisons. Tout d'abord, Engels inscrit la Guerre des paysans dans la nouvelle lecture et analyse critique de

---

[1] On va restituer un peu plus loin et très rapidement, le déroulement de la Guerre des paysans pendant 1524/1525 dans une partie consacrée à cette question. Sauf erreur de notre part, il n'y a pas une vaste bibliographie française sur la Guerre des paysans en général, à l'exception de certains livres, la plupart déjà anciens, beaucoup plus en ce qui concerne Engels et la question des soulèvements paysans dans le Saint-Empire, l'Europe au Moyen Âge tardif et surtout la Guerre des paysans. La plus grande partie de la bibliographie - à l'exception de la bibliographie soviétique qu'elle a été abondante, mais à laquelle on n'a pas accès pour des raisons linguistiques - est allemande.

[2] En allemand on l'appelle le plus fréquemment *Revolution des gemeinen Manne*, *Deutscher Bauernkrieg*, ou plus simplement *Bauernkrieg*.

[3] *La Guerre des paysans en Allemagne* est écrite entre 1849 et 1850, et publiée le 29 novembre 1850 dans le numéro 5/6 de la *Neue Rheinische Zeitung. Politisch-ökonomische Revue* à Hambourg.

l'histoire humaine et de l'être social sur laquelle il travaille, pratiquement dès le milieu des années 1840 avec le jeune Marx, celle qu'on appelle communément le matérialisme historique. La Guerre des paysans est désormais conçue et mise en lumière comme une lutte acharnée et violente entre les classes sociales qui formaient l'édifice social-historique complexe du monde allemand de la fin du Moyen Âge, ainsi que comme un conflit qui a eu des causes très matérielles, mais qui très souvent ont été exprimées sous et à travers le voile idéologique de la religion et des disputes théologiques. En fait, le jeune Engels s'engage à lire la défaite sanglante de la paysannerie allemande à travers le prisme du conflit de la féodalité contre les paysans, tout autant que dans un moindre degré, avec les éléments radicaux et plébéiens des villes du monde allemand. Secondement et chose notée rarement, cet écrit du jeune Engels est la première tentative, tantôt *d'appliquer le matérialisme historique comme méthode à l'étude d'une formation sociale-historique concrète et à la restitution d'un moment de son histoire, tantôt de saisir les rapports sociaux internes et conflictuels de cette formation sociale, à partir des principes et de la visée du matérialisme historique.*

Ce travail historique entamé par le jeune Engels faisait partie d'un effort commun engagé avec Marx, pour la réorganisation de la *Ligue des communistes*[4] pour la fondation théorique du matérialisme historique, comme Emile Bottigelli le fait remarquer dans sa préface de la traduction française de la *Guerre des paysans en*

---

[4] *La Ligue des communistes* (1847-1852) était une organisation ouvrière et politique internationale, dont beaucoup de ses membres vont participer à l'Association internationale des travailleurs.

Allemagne[5]. Outre ceci, il convient de rappeler ici deux choses, afin de pouvoir mieux encadrer historiquement le texte d'Engels. En premier lieu, qu'il est rédigé *après* la défaite de la Révolution de 1848, expérience qui n'est pas sans laisser certaines traces durables sur la vision historique du jeune Engels, qui par ailleurs y avait personnellement participé. Comme on aura l'occasion de le confirmer, Engels perçoit *la défaite de 1525 à travers la défaite de 1848* et ne cesse de trouver des analogies entre les deux événements, qui tirent leur origine de conditions historiques spécifiques de l'Allemagne.

En second lieu, il faut constamment avoir à l'esprit un simple fait, mais d'une importance capitale si on veut comprendre l'écrit d'Engels et sa nouveauté radicale. D'une part, *La Guerre des paysans en Allemagne* est rédigée après la rédaction de l'*Idéologie allemande* et du *Manifeste du parti communiste*[6], à savoir tantôt après le règlement des comptes du jeune Marx et d'Engels avec la philosophie spéculative/l'idéalisme hégélien, ainsi qu'avec les Jeunes hégéliens, tantôt après leur passage définitif à l'étude de l'inépuisable continent historique et au projet de compréhension de l'activité (*Tätigkeit*) pratique et sociale des êtres humains. D'autre part, tous les deux conçoivent dès le milieu des années 1840, la lutte des classes comme

---

[5] On emploie comme édition de référence française l'édition suivante : *La Guerre des paysans en Allemagne*, traduit par Émile Bottigelli, Éditions Sociales, Paris, 1974. Le texte allemand se trouve aux *Karl Marx-Friedrich Engels Werke*, Bd 7, Dietz Verlag Berlin, 1978, p. 327-413.

[6] Il faut noter qu'on va également lire d'autres textes d'Engels sur la Guerre des paysans et la féodalité, tels que ses *Notes sur la Guerre des paysans* ou *La décadence de la féodalité et l'essor de la bourgeoisie*, écrits plus tardivement, en 1884. Voir respectivement in Friedrich Engels, *La Guerre des paysans en Allemagne*, p. 113-123, et in *Karl Marx-Friedrich Engels Werke,* Bd 21, p. 392-403.

le noyau de l'histoire humaine, comme ce facteur qui permet une compréhension pertinente d'une formation sociale et économique.

Avoir entrepris un travail sur la *Guerre des paysans en Allemagne* d'Engels, était à vrai dire le résultat de ma première lecture de ce texte - qui est à ma connaissance, oublié par les historiens, surtout les historiens marxistes en France et en général par les écrivains marxistes ou marxologues en dehors de l'Allemagne -, un contact qui m'a très vite incité à me tourner, non simplement vers la conception engelsienne des soulèvements des paysans et des révoltes rurales dans le Saint-Empire, à savoir la conception et la lecture proposée par un des fondateurs du matérialisme historique, mais aussi vers l'histoire allemande du 16ème siècle, de la société féodale et certains aspects de la vie économique et sociale des communautés paysannes.

Tout de même, une des raisons pour lesquelles on a entamé ce travail historique sans être historien de formation, consiste au croisement de plusieurs facteurs : en premier lieu, il s'agit d'une lecture historique de la société médiévale et de la fin du Moyen Âge proposée par Engels dans son texte, où pour la première fois quelqu'un - sauf erreur de notre part - explique les hérésies, les mouvements religieux contestataires du Moyen Âge tardif, la Réforme et la Guerre des paysans, partant *des rapports de production des sociétés concernées, d'une analyse des classes et des dynamiques sociales, de la situation matérielle des sociétés du Moyen Âge et surtout d'une lecture des oppositions et des coalitions des différentes classes sociales et des groupes dans le Saint-Empire*. Certes, bien que le travail d'Engels ne soit pas le dernier mot de la science historique sur la Guerre des paysans, loin de là, il a le mérite d'une entreprise pionnière pour son époque parce qu'elle conçoit la religion tant comme *reflet que comme facteur explicatif dynamique* des transformations sociales et économiques. De l'autre côté, notre intérêt au sujet de l'interprétation de la Guerre des paysans par Engels résulte justement de la volonté de compréhension du matérialisme historique et plus généralement de la pensée marxienne, lorsqu'elle tente d'expliquer les événements et les conflits historiques dans leur concrétude.

Après avoir parlé de l'objectif de l'ouvrage, indiquons rapidement ses parties principales. Plus précisément, dans la première partie, on restituera très brièvement la Guerre des paysans, à savoir on exposera l'événement dans son déroulement, et ensuite on analysera le texte d'Engels. On essayera de dégager le fil conducteur de sa démarche, de son raisonnement et surtout de sa méthode qui consiste à une mise en lumière et à une explication de l'histoire des mouvements insurrectionnels paysans en Allemagne, à travers la visée du matérialisme historique. Conséquemment, on va regarder de plus près et en gros traits ce que Friedrich Engels décrit dans la *Guerre des paysans en Allemagne*, et quelles idées principales articulent sa lecture historique.

I

Engels
et la *Guerre des paysans en Allemagne*

Présentation de l'événement
et analyse du texte

Premier chapitre

La Guerre des paysans allemands de 1524 à 1525. Un bref exposé de l'événement

La *Guerre des paysans* ou *Deutscher Bauernkrieg* en allemand, a été une révolte armée déclenchée dans plusieurs parties du Saint-Empire romain germanique, surtout dans les régions du centre de l'Allemagne, du Sud et Sud-ouest, une partie de la Lorraine et de l'Alsace entre 1524 et 1525. Cette révolte s'est très vite généralisée en une guerre entre les différents groupes des paysans insurgés et les troupes des seigneurs des territoires, ainsi que des armées des princes. Elle s'inscrit en ce qui concerne les causes religieuses, dans le cadre de la Réforme protestante et beaucoup plus en ce qui concerne les raisons sociales et économiques, dans une tradition relativement longue des insurrections paysannes dans le Saint-Empire, comme par exemple celle du *Bundschuh* ou du *Pauvre Conrad* (*Armer Konrad*), révolte menée et marquée par le personnage de Joß Fritz (né vers 1470, mort vers 1525). On peut alors dire que ce grand événement de l'histoire allemande est le point culminant des révoltes paysannes qui ont eu lieu bien avant le 16ème siècle. Pourtant, on peut aussi avoir du mal à déterminer avec exactitude la durée de la Guerre des paysans, étant donné que comme on l'a déjà dit, il y a plusieurs soulèvements qui commencent en des moments différents et en plusieurs lieux du Saint-Empire vers 1524-1525.

Les causes de la Guerre des paysans de 1525 sont multiples. Elles s'inscrivent sur un plan économique, politique et bien entendu religieux, qui est celui d'un monde qui vit les effets bouleversants de la Réforme luthérienne (1517). Le Saint-Empire du début du 16ème siècle se présente fragmenté en plusieurs états territoriaux, en seigneuries féodales et avec les paysans et les communautés paysannes qui sont dépendants de leur seigneur local[7]. Néanmoins, il semble que c'est la classe paysanne qui permet notamment le fonctionnement économique de la société et de la production féodales, puisque le haut clergé, les princes et la noblesse vivent principalement de la force de travail des communautés paysannes, de la collecte des impôts et des taxes qui leur imposent et qui ne cessent d'augmenter avec le passage du temps : douanes, loyers, corvées, grande et petite dîme, successions. Plus simplement, les paysans travaillent de plus en plus pour leur seigneur, ainsi que pour l'Église et sont obligés de leur donner plus d'argent.

De plus, selon une hypothèse assez étudiée par l'historiographie allemande, les communautés agraires assistent à une perte de leur vieux droit oral, à une pratique d'expropriation des communes de la part des seigneurs, ou même de retour des paysans au servage, aussi bien qu'à une réduction du droit à la pêche et à la chasse. Ainsi, les paysans et leurs communautés passent lentement à une situation d'une plus grande dépendance à l'égard du pouvoir territorial, parfois au servage et à un plus grand dénuement. En fait, la noblesse allemande adopte très souvent le droit romain et écarte le droit coutumier. Les problèmes petit à petit s'accumulent pour les paysans, car à part l'augmentation de la dîme, des taxes et des loyers, ils courent le risque d'être emprisonnés, torturés ou exécutés sans jugement. Un autre problème qui va

---

[7] Cette fragmentation du monde germanique est une réalité qui va durer pendant des siècles.

s'ajouter à cette situation particulièrement pénible et oppressante, est que les serfs n'avaient plus le droit de pâturage pour leurs animaux, ou de ramasser du bois des forêts qui appartenaient aux seigneurs.[8] Cela dit, la paysannerie n'a pas seulement affaire à l'imposition de certaines lois ou de taxes qui rendent sa vie plus difficile, mais aussi à son exclusion progressive des activités qui lui permettaient de vivre un peu mieux, précisément telles que l'accès aux forêts afin de se servir du bois ou le droit de faire paître leur bétail. En fait dans ce cas historique qui nous intéresse ici, la classe sociale dominante imposait sa domination sur une autre classe par le biais de l'appropriation de l'environnement naturel et d'une maîtrise plus intense de la terre. Il y avait alors une économie de survie pratiquée par la classe paysanne, qui a été attaquée par les seigneurs et qui va finalement mener à un conflit généralisé.[9] Mais, il s'agit d'une guerre qui avait comme on l'a déjà signalé, plusieurs prodromes dans le monde germanique, à savoir qu'elle ne constitue pas un événement unique dans l'histoire allemande, mais la cristallisation d'un passé insurrectionnel dans certaines formations sociales, déjà profondément bouleversées par la Réforme luthérienne. Retenons que plusieurs facteurs ont contribué à l'éclatement de la Guerre des paysans, mais il est bien significatif qu'en ce moment de l'histoire sociale et économique du Saint-Empire, la classe féodale exploite économiquement les paysans presque sans aucune

[8] Il est particulièrement intéressant de mentionner que le jeune Marx avait écrit un texte sur ce problème très concret, vital et matériel que les paysans en Allemagne affrontaient pratiquement avant la Guerre des paysans, avec le titre *Débats sur la loi relative au vol de bois*, paru en 1842 dans la *Rheinische Zeitung*.

[9] On peut consulter sur cette question le livre de Tom Scott et Bob Scribner, *The German Peasants' War: A History in Documents*, Atlantic Highlands, N.J. : Humanities Press, 1991.

hésitation et sans bornes. En fait, le 15ème et le 16ème siècle sont le moment historique pendant lequel, la féodalité et l'exploitation qui a imposé aux paysans, arrivent à leur point culminant, chose qui va entraîner la réaction violente de leur part.

Donnons à présent un bref aperçu de cet événement. Plus spécialement, la révolte éclate vers l'été (juin) de 1524 dans le sud du Pays de Bade, lorsque les paysans refusent d'effectuer une corvée de ramassage de coquilles d'escargots et de fraises pour le banquet de leur seigneur, jugée totalement abusive. Et l'ordre du seigneur était jugé comme abusif, parce que c'était pour les paysans le moment du ramassage de la paille. Par la suite, les paysans en colère vont se rassembler et rédiger une liste des plaintes contre les impôts excessifs, le pouvoir arbitraire de la noblesse, l'appropriation de terres communes, ainsi que contre le travail forcé. Ces paysans vont également constituer une première force armée très bien disciplinée, et qui jusqu'au mois d'octobre de 1524 aura 3.500 soldats.

Pendant l'hiver les paysans détruisent des monastères et des châteaux, dans les régions d'Alsace, de Souabe, de Franconie et des Alpes[10]. Les paysans de la Haute Souabe rédigent en mars de 1525 les fameux *Douze Articles* dans la ville impériale libre de Memmingen, un moment important puisque pour la première fois, ils revendiquent de manière écrite des changements du système féodal sans toucher pour autant à son principe ou contester son existence. En Franconie, dans l'Allemagne centrale et du Sud les communautés urbaines ont joué un rôle important

---

[10] Par ailleurs, les paysans ont détruit et pillé tout au long de la Guerre un très grand nombre de monastères et de châteaux. En Allemagne centrale par exemple, quarante châteaux et monastères à peu près seront détruits.

dans le soulèvement. Bien plus, les révoltés dans ces régions avaient des objectifs très radicaux. Bien que les paysans aient remporté certaines victoires, la révolte commence à s'effacer après leur échec de s'emparer de la forteresse de Marienberg.

Un autre centre de la Guerre des paysans dans l'Allemagne centrale était Thuringe, lieu par ailleurs d'activité de Thomas Müntzer. En fait, la Thuringe devient très rapidement protestante avant la Guerre des paysans, à savoir jusqu'en 1520. Les prêtres seront expulsés et les monastères seront détruits. Néanmoins, la guerre en Thuringe, qui commence plus au moins au même moment qu'en Franconie, sera terminée jusqu'au mois de mai de 1525.

Les deux moments décisifs de la Guerre des paysans qui ont conduit à l'anéantissement de leurs groupes armés, sont premièrement la bataille de juin de 1525 près de Würzburg et la mort de 8.000 paysans franconiens de la *Bande de la Claire Lumière* et aussi en mai de la même année, la bataille de Frankenhausen qui a été peut-être une des plus déterminantes de la Guerre des paysans. Les paysans thuringiens sous l'influence et la direction de Thomas Müntzer (né vers 1490 et mort en 1525 et sur qui on va revenir) ont été complètement abattus avec à peu près 6.000 morts sur le champ de bataille et avec Müntzer lui-même arrêté, torturé et décapité quelques jours plus tard. Les historiens estiment que 300.000 ont participé à la révolte et au conflit. Selon certaines estimations 70.000 ont trouvé la mort, selon d'autres 100.000. Les chefs des paysans sont condamnés à mort et les révoltés survivants sont mis au ban de l'Empire, c'est-à-dire qu'ils ont perdu leurs droits civiques et privés. Cela implique également la perte de leurs droits liés à leur fief. Des villages entiers ont été détruits. Les punitions semblent avoir été extrêmement cruelles, allant jusqu'aux décapitations et l'arrachage des yeux. Il y a eu des communes qui ont été privées de leurs droits, parce qu'elles ont apporté de l'aidé aux insurgés. Dans certaines régions pour la mort d'un seul noble, entre dix et cinquante paysans seront exécutés. La classe dominante sortira renforcée, tandis que les demandes des paysans ne seront pas réalisées.

Quelque chose qui a été abondamment répété au sujet de la Guerre des paysans au fil du temps - Engels en parlera à plusieurs reprises - était le fait de la division et du morcellement des insurgés qui n'était que le reflet de la division sociale du monde germanique[11]. La grande

---

[11] Par exemple Jean-Paul Sartre se réfère à cet aspect de la Guerre des paysans, aussi bien qu'au texte d'Engels en le citant dans ses *Questions de méthode* : « *Engels – de qui nous avons sur ce sujet beaucoup de déclarations peu compatibles entre elles – a, dans* La Guerre des Paysans, *en tout cas, montré le sens qu'il donnait à cette contradiction : après avoir insisté sur le courage, la passion des paysans allemands, sur la justesse de leurs revendications, sur le génie de certains chefs (en particulier de Münzer), sur l'intelligence et l'habileté de l'élite révolutionnaire, il conclut :* À la guerre des Paysans, seuls les princes pouvaient gagner quelque chose : donc ce fut son résultat. Ils gagnèrent non seulement de façon relative, parce que leurs concurrents, clergé, noblesse, ville, se trouvèrent affaiblis, mais aussi de façon absolue parce qu'ils remportèrent affaiblis les dépouilles opimes des autres ordres. *Qu'est-ce donc qui a* volé *la* praxis *des révoltés ?* (c'est Sartre qui souligne) *Simplement leur séparation qui avait pour origine une condition historique déterminée : le morcellement de l'Allemagne. L'existence de mouvements provinciaux nombreux qui n'arrivaient pas à s'unifier – et dont chacun,* autre *que les autres, agissait autrement – suffit à déposséder chaque groupe du sens réel de son entreprise* ». Voir Jean-Paul Sartre, *Questions de méthode*, p. 74, in *Critique de la raison dialectique*, tome I, *Théorie des ensembles pratiques* [1960], Gallimard, Paris, 1985. Il faut noter que Sartre a écrit *Le Diable et le Bon Dieu*, un drame historique en trois actes publié en 1951, qui a comme fond historique la Guerre des paysans et le personnage du

tentative des paysans allemands échoue, car l'esprit d'une lutte menée en commun par les grands centres de la révolte n'existait pas et, à vrai dire, il ne pouvait pas exister[12]. En fait, l'échec du mouvement est attribué tant à l'absence d'une organisation commune qu'à l'absence d'objectifs communs qui pourraient relier les différents centres de la révolte. Il n'existait pas un lien entre les communautés qui se sont révoltées ou les armées paysannes formées, même si par le passé il y a eu certains réseaux de conspiration paysans, qui ont également échoué.

---

chevalier allemand et mercenaire Götz von Berlichingen. Rappelons que Goethe avait écrit une pièce de théâtre sur lui en 1773, *Götz von Berlichingen.*

[12] Le jeune Lukács reprend aussi l'idée du manque de conscience de classe, comme raison de la défaite des paysans dans un de plus importants livres de la philosophie marxiste du 20ème siècle, l'*Histoire et conscience de classe* : « *Quand l'important marxiste hongrois Erwin Szabô s'élève contre la conception qu'a Engels de la grande guerre des paysans comme d'un mouvement réactionnaire en son essence, et oppose à cette conception l'argument suivant, à savoir que la révolte paysanne ne fut justement battue* que *par la force brutale, que sa défaite* n'était pas *fondée dans sa nature économique et sociale, dans la conscience de classe des paysans, il omet de voir que la raison dernière de la supériorité des princes et de la faiblesse des paysans, que la possibilité donc de la violence du côté des princes, doit justement être recherchée dans ces problèmes de conscience de classe, ce dont l'étude stratégique la plus superficielle de la guerre des paysans peut facilement convaincre tout un chacun* » (c'est Lukács qui souligne). Voir Georg Lukács, *Histoire et conscience de classe,* [1923], p. 75, traduit par Kostas Axelos et Jacqueline Bois, Les Éditions de Minuit, Paris, 1960.

Deuxième chapitre

Les conditions historiques de la rédaction de *La Guerre des paysans en Allemagne*

Comme on l'a déjà mentionné, Friedrich Engels rédige la *Guerre des paysans en Allemagne* pendant l'été de 1850, à savoir juste après l'écrasement violent de la révolution de 1848-49 à laquelle il avait participé. Le jeune Engels avait déjà écrit des textes importants comme l'*Esquisse d'une critique de l'économie politique* entre 1843 et 1844, *La Situation des classes laborieuses en Angleterre* en 1845, *L'Idéologie allemande* en 1845-46 en collaboration avec Marx, *La Sainte famille* en 1845 de nouveau avec Marx[13], et surtout le *Manifeste du parti communiste* co-écrit avec Marx. Ainsi, il rédige la *Guerre des paysans en Allemagne*, après avoir posé avec Marx les fondements du matérialisme historique, principalement avec le long texte de l'*Idéologie allemande* qui n'a pas pu être publié, et qui le sera au 20e siècle (1932) par David Razianov. Outre ceci, il est important de souligner qu'avant de travailler sur l'histoire de la Guerre des paysans, Engels venait de faire l'expérience immédiate de la participation à un mouvement révolutionnaire qui avait échoué. L'événement de la Guerre des paysans, ainsi que le personnage de Thomas Müntzer semblent avoir fasciné Engels dès trop tôt, durant sa jeunesse, comme Emile Bottigelli nous le rappelle dans sa préface de sa traduction

[13] Marx avait écrit la plus grande partie de ce texte.

française de l'écrit[14]. Engels a probablement lu l'histoire de la Guerre des paysans de Zimmermann entre 1842 et 1844[15] et se réfère à la révolte dès 1843 :

> *Dans un article de novembre 1843,* Progress of social Reform on the continent, *Engels fait une place à la guerre des paysans en Allemagne pour montrer que ce pays a eu aussi ses réformateurs sociaux dès l'époque de la Réforme*[16].

L'intérêt du jeune Engels pour la Guerre des paysans, sa grande admiration pour Müntzer et sa position critique envers l'attitude de Martin Luther pendant la Guerre des paysans, sont essentiellement déjà formés. Il paraît qu'Engels s'intéresse tellement à la Guerre des paysans et aux mouvements contestataires, tels que les Taborites et les anabaptistes, parce qu'en même temps il se dirige vers le socialisme et le communisme. Plus concrètement, il perçoit dès 1843 et sous l'influence de la lecture de l'histoire de la Guerre des paysans de Zimmermann, les anabaptistes comme les prodromes d'une communauté communiste et égalitaire au niveau des biens, qui s'oppose au pouvoir étatique et ecclésiastique.

---

[14] Il est utile de rappeler qu'Ernst Bloch, ce grand philosophe marxiste « non-orthodoxe », sera fortement marqué par le personnage et l'activité de Thomas Müntzer. Il consacrera sa thèse sur Müntzer, publiée peu de temps après : *Thomas Müntzer als Theologe der Revolution* [1922], (*Thomas Müntzer : théologien de la révolution*, UGE, 10/18, Paris, 1975).

[15] Wilhelm Zimmermann a écrit l'*Histoire générale de la grande guerre des paysans*, publiée entre 1841 et 1843 (*Allgemeine Geschichte des großen Bauernkrieges*). Ce livre va être pratiquement la source principale d'Engels quant au déroulement du conflit de 1524/1525.

[16] Emile Bottigelli, *La Guerre des paysans en Allemagne*, préface, p. 9. Le texte auquel Bottigelli se réfère se trouve aux pages 111-112 de sa traduction.

Dans ce cadre, sept ans plus tard et après une formulation théorique du matérialisme historique bien plus concrète, après avoir joint la *Ligue des communistes* et la rédaction du *Manifeste du parti communiste*, l'expérience de la révolution de 1848-49, Engels revient à la question de la Guerre des paysans. Ayant une autre expérience révolutionnaire et politique, aussi bien qu'une autre compréhension de la réalité sociale et économique, Engels concevra l'histoire allemande d'une autre façon et dans une autre perspective, celle de la *lutte des classes*. Autrement dit, au lieu d'insister sur les actes et les discours des « grands hommes » et dans ce cas des grandes personnalités de la Réforme, il tournera son regard vers une analyse de pionnier, celle qui consistait à concevoir l'histoire médiévale, ou au moins celle du Moyen Âge tardif à travers d'une part, l'essor lent mais bien visible de la société bourgeoise et marchande et d'autre part, par le biais des travestissements religieux des revendications politiques et économiques de certaines couches urbaines et paysannes pendant le Moyen Âge, telles que les hérésies. C'est-à-dire que selon le point de vue engelsien, la religion semble être le reflet des transformations de l'être social, une perspective qui s'appliquera à l'analyse historique des hérésies, des mouvements anabaptistes ou millénaristes[17].

---

[17] Le courant chrétien de l'anabaptisme fait partie de la Réforme radicale et fait son apparition en 1525 en Suisse. Les anabaptistes prônaient le baptême volontaire du croyant qui devait avoir lieu à l'âge adulte. En fait, leur appellation provient du mot grec *anabaptizein* (ἀναβαπτίζω), décrivant « baptiser à nouveau ». Ils se considéraient comme les descendants et les continuateurs de l'Église primitive. Bien plus, ils étaient pour l'élection du pasteur par la communauté. Puis, le millénarisme ou le chiliasme (du grec χίλια qui signifie « mille ») se réfère à une doctrine mystique et religieuse chrétienne qui soutient le retour de Jésus sur Terre et l'installation d'un règne de justice et de paix, qui va précisément durer mille ans.

Mais la plus grande originalité de cette analyse consiste à la place centrale accordée par Engels à la lutte des classes et aux intérêts particuliers de chaque groupe social du Moyen Âge tardif et plus spécifiquement, des classes qui appartiennent au Saint-Empire romain germanique. Néanmoins, il est également intéressant de regarder de plus près les conditions politiques et surtout la revue où ce texte d'Engels a été édité en 1850, ainsi que la place idéologique que ce quotidien allemand occupait dans la vie politique des hégéliens de gauche et des bourgeois radicaux de Cologne à la fin des années 1840.

Plus précisément, la *Neue Rheinische Zeitung* (*La Nouvelle Gazette rhénane*) fut le nom d'un quotidien et d'une revue allemand édité par Marx entre 1848 et 1849 à Cologne et plus tard d'une revue mensuelle éditée à Londres. Ainsi, nous devons tout d'abord noter que Marx commence à publier cette revue en Allemagne et par la suite en Angleterre, le pays où il y avait à l'époque le plus grand nombre d'ouvriers au monde et où se formait petit à petit ce que Marx appelait la classe ouvrière, un élément qu'il faudra retenir concernant la rédaction de *La Guerre des paysans en Allemagne* par Engels. Le titre *Neue Rheinische Zeitung* se réfère à la publication d'une autre revue la *Rheinische Zeitung* publiée pour la première fois à Cologne en 1842 par des bourgeois radicaux qui étaient proches des hégéliens de gauche. Les rédacteurs de cette

---

Dans le cas des Taborites, le millénarisme en tant que doctrine va influencer l'idéologie des couches paysannes. Un livre qui met en perspective l'histoire complexe du mouvement millénariste est celui de Norman Cohn Norman, *The Pursuit of the Millennium : Revolutionary Millenarians and Mystical Anarchists of the Middle Ages*, Oxford University Press, 1970.

revue avaient une vision démocratique radicale qui se ralliait au côté de la révolution.

Pour comprendre l'importance de la *Neue Rheinische Zeitung* pour la formation intellectuelle et politique d'Engels et de Marx, il faut se rapporter à leur biographie. Plus spécifiquement, Marx vient à Bruxelles en 1845 et puis en 1847. Lui et Engels joignent l'organisation illégale de la *Ligue des communistes*. L'année suivante, ils publient le *Manifeste du parti communiste*. Après l'éclatement de la révolution en février de 1848 en France et des États de la ligue allemande (la Révolution de Mars), Marx doit quitter la Belgique pour rejoindre de nouveau Paris et puis l'Allemagne en avril de 1848, où il fonde la *Neue Rheinische Zeitung*, en essayant de mettre l'accent sur les points de vue du prolétariat ouvrier à travers les mouvements révolutionnaires de 1848 et en traitant des questions politiques, sociales et internationales. Le premier numéro date du 1er juin de 1848 et l'équipe éditoriale était composée par Heinrich Bürgers, Ernst Dronke, Georg Weerth, Ferdinand Wolff, Engels et Marx comme rédacteur en chef. Tous ces membres faisaient partie de la Ligue des communistes. Engels écrit plusieurs articles importants dans cette revue. Marx et les autres éditeurs seront menacés par des poursuites judiciaires et d'expulsion à cause de leur nationalité non prussienne, et pour incitation à la résistance armée contre le gouvernement. Quand même Marx fut acquitté toutes les fois. Le tirage a atteint les 5000 copies en septembre de 1849, mais l'état de siège de Cologne a interrompu sa parution. La revue reprend à mi-octobre. Il faut retenir le fait que Marx et Engels ont publié dans cette revue des analyses centrées sur des événements révolutionnaires qui ont eu lieu en Europe, surtout en France et en Allemagne, et sur la révolution de Juin 1848. D'autres textes importants paraissent dans cette revue, comme *Travail salarié et Capital* publié en avril de 1849. Trois cent un numéros seront publiés entre juin 1848 et le 19 mai 1849, jour de la fermeture du journal par les autorités, et moment pendant lequel la ville de Cologne fut en siège de nouveau. À cette époque, il y avait à peu près 6000 abonnés. Le but de ce journal peut être exprimé avec la dernière phrase du journal : « *émancipation de la classe ouvrière* ». Marx se réfugie à Paris et ensuite à Londres où il sera installé jusqu'à la fin de sa vie.

À partir de 1850, Marx fonde une revue mensuelle du même nom la *Neue Rheinische Zeitung* (*Politisch-ökonomische Revue*) à Hambourg et son intention était de poursuivre l'œuvre politique et théorique du journal de Cologne et sa publication commence à Londres en mars de 1850. Il y aura uniquement six numéros parus. Plus précisément, dans cette revue seront publiés des textes importants pour la théorie marxiste, comme *La lutte de classes en France* (numéro 1-4) et *La Guerre des paysans en Allemagne* (numéro 5-6). On voit alors que ces revues avaient une vie courte, et que Marx et Engels soulignent constamment l'importance de la lutte de classes, des oppositions entre les différentes fractions et différents groupes sociaux, ainsi que de la centralité de la guerre qui se présente comme une partie constitutive de l'être social.

Plus particulièrement, Engels après la parution du dernier numéro de la *Neue Rheinische Zeitung* le 19 mai de 1849, se joignit aux troupes badoises engagées dans la lutte pour la *Constitution du Reich* afin de défendre les idées soutenues que les rédacteurs avaient exprimées par le biais de la revue. Ces troupes auxquelles Engels se joignit s'opposaient aux troupes du prince Guillaume de Prusse. Néanmoins, les troupes insurgées ont dû passer le

12 juillet en territoire suisse. Ainsi, Engels se retrouve dans la situation d'un combattant isolé dans un pays neutre, découpé de ses anciens collaborateurs du journal et surtout de Marx. En fait, Marx et Engels dès le début de leur exil à Londres ont considéré que leur lutte au sein du mouvement ouvrier n'était pas terminée. Beaucoup plus, ils pensaient que la lutte de la Ligue des communistes pouvait être reprise. Plus particulièrement, ils estimaient que le mouvement révolutionnaire bien qu'il ait été momentanément vaincu en 1848-1849, pouvait recommencer et pour cela les deux penseurs et révolutionnaires voient leur propre travail théorique et scientifique comme un travail d'éclaircissement idéologique, théorique et historique du prolétariat et du mouvement ouvrier. Ce travail est perçu comme une continuité de l'activité de la Ligue des communistes.

Donc, il s'agit selon nous dans le cas de *La Guerre des paysans en Allemagne*, d'un travail historique qui fait partie d'un cadre historique et politique très particulier et *d'un continuum de luttes*. La compréhension de ce cadre politique et de ces luttes est importante pour la compréhension du texte de *La Guerre des paysans en Allemagne*. C'est la raison pour laquelle nous nous sommes référés si longuement à la question de la parution et de l'histoire de la *Neue Rheinische Zeitung*. Lorsqu'Engels écrit son texte sur la Guerre des paysans, il ne conçoit pas cet effort comme un travail académique ou scolaire, mais comme un travail historique au service de la prise de conscience par le prolétariat de l'histoire révolutionnaire de certains mouvements sociaux et religieux en Allemagne. Engels avait par ailleurs pointé son opposition avec ce qui appelle l'historiographie idéaliste dominante en Allemagne :

Malgré les expériences récentes, l'idéologie allemande continue à ne voir dans les luttes auxquelles a succombé le Moyen Âge que de violentes querelles théologiques. Si les gens de cette époque avaient seulement pu s'entendre au sujet des choses célestes, ils n'auraient eu, de l'avis de nos historiens et hommes d'État nationaux, aucune raison de se disputer sur les choses de ce monde. Ces idéologues sont assez crédules pour prendre pour argent comptant toutes les illusions qu'une époque se fait sur elle-même, ou que les idéologues d'une époque se font sur elle[18].

On peut donc comprendre ce texte comme une vision historique sur la Réforme et la Guerre des paysans qui essaie de lier le matérialisme historique à l'histoire du mouvement agraire et ouvrier en Europe. En d'autres mots, *La Guerre des paysans en Allemagne* est écrite dans une période des bouleversements sociaux et de révoltes sur le continent européen et de formation du prolétariat industriel dans les villes. Outre ceci, certains intellectuels et bourgeois radicaux comme Marx et Engels, ont commencé à avoir des rapports avec les milieux radicaux ouvriers et révolutionnaires. Engels essaie après la défaite de la révolution de 1848-49 de fonder les bases pour une lecture de l'histoire allemande, différente que celle que l'historiographie bourgeoise de l'époque en propose[19], même celle de Zimmermann duquel le penseur communiste se démarque clairement.

Mais revenons sur les conditions de l'écriture de *La Guerre des paysans en Allemagne*, telles que Bottigelli les présente dans son introduction sur le texte d'Engels. Il paraît qu'Engels a écrit *La Guerre des paysans en Allemagne* entre le début de 1850 et la fin de l'été de la même année. Mais le point de vue de la conclusion du texte d'Engels, exprimé dans les dernières lignes est

[18] F. Engels, *La Guerre des paysans en Allemagne*, p. 40.
[19] Notamment celle de l'historicisme.

incompatible avec la réalité historique, donc le texte ne peut pas être écrit après le mois d'octobre :

> *Les dernières lignes de l'ouvrage où s'exprime la foi d'Engels en une issue positive du mouvement européen de 1848 montrent qu'elles sont écrites avant que Marx et lui soient arrivés à la conclusion qu'ils formulent dans la « Revue, mai à octobre 1850 ». Ils rédigent cette revue des événements fin octobre et, si* La Guerre des paysans *était postérieure, elle serait en contradiction avec cette appréciation politique. Engels aurait en tout cas été moins affirmatif et n'aurait pas visé à confirmer chez ses lecteurs cette foi en l'issue victorieuse du mouvement de 1848*[20].

Engels et Marx voyaient une ressemblance entre les événements de 1848-49 et ceux de 1524/1525. 1848-1849 était un moment précoce, qui n'a pas permis au prolétariat de saisir le pouvoir politique, parce que les structures économiques étaient encore en grande partie féodales. D'autant plus, le mouvement avait attaqué ces structures féodales afin d'assurer le pouvoir de la bourgeoisie, et non celui du prolétariat. En fait, le prolétariat allemand devait à la fois lutter contre la bourgeoisie, la féodalité et la monarchie encore présentes. Autrement dit, l'Allemagne n'avait pas encore atteint une structure sociale bourgeoise ou au moins uniformisée comme c'était le cas en France ou en Angleterre. Cette conclusion est plus valable du moment où, dans son analyse sur la structure sociale du Saint-Empire, Engels met l'accent sur une société avec plusieurs centres de pouvoir, d'autres dominants et d'autres qui viennent d'émerger, par exemple l'Église, la noblesse et de l'autre côté le corps des juristes, des bourgeois des villes et des commerçants. La société allemande du 16ème siècle ressemble à celle du milieu du 19ème quant à son morcellement et à sa parcellisation. D'après Engels, les défauts et les erreurs qui ont empêché

---

[20] E. Bottigelli, in *La Guerre des paysans en Allemagne*, p. 7.

au 16e siècle la classe bourgeoise et les paysans de remporter la victoire, se retrouvent au 19ème siècle. La différence est qu'en 1525, ceux qui sont sortis renforcés de la Guerre des paysans étaient les princes, tandis qu'en 1848-1849, c'était la bourgeoisie et aucunement le prolétariat allemand. Au fond, dans les deux cas, le perdant était le mouvement plébéien-paysan ou le mouvement ouvrier-prolétaire. Selon Bottigelli, c'est la raison pour laquelle Engels associe les deux mouvements comme des tentatives venues avant leur propre temps dans des formations sociales qui n'étaient pas encore cristallisées :

> *L'analogie avec les événements de 1525 s'imposait alors. La guerre des paysans avait été une première tentative pour mettre fin au régime féodal et elle avait échoué en raison des hésitations et même parfois des trahisons de la bourgeoisie des villes. La même parcellisation qu'en 1848 avait empêché au début du XVIe siècle la classe montante de trouver son unité et de remporter la victoire avec l'appui des paysans insurgés. Les défauts et les erreurs qui avaient conduit à l'écrasement des insurrections paysannes s'étaient retrouvés en 1848 et avaient conduit au même renoncement de la bourgeoisie.*[21]

En lisant *La Guerre des paysans en Allemagne* et surtout les préfaces ou les dernières pages du texte, il est très évident qu'Engels pense les deux événements en les

---

[21] E. Bottigelli, *ibid.*, p. 8. Bottigelli continue dans la même page son explication : « *L'analyse d'Engels est tout entière dominée par ces ressemblances. Mais comme sa méthode est celle du Manifeste, comme il aborde les problèmes de la Réforme pour y déceler les effets de la lutte des classes, il va donner de ces événements une explication nouvelle : malgré son travestissement religieux, la guerre des paysans est la première expression historique de la lutte de la bourgeoisie pour s'emparer du pouvoir. Si au XIXe siècle l'évolution historique des Allemands apparaît comme en retard sur celle des autres peuples d'Europe, ils ont été au XVIe siècle les précurseurs des révolutions anglaises et françaises qui ont donné le pouvoir à la bourgeoisie* ».

conjuguant. Mais il faut insister sur la question du morcellement et précisément des intérêts opposés parmi les classes sociales dans le Saint-Empire, puisqu'Engels y insiste bien plus que sur le point de la trahison :

> *Nous avons vu comment l'Allemagne était morcelée non seulement en d'innombrables provinces indépendantes, presque totalement étrangères les unes aux autres, mais encore comment la nation, dans chacune de ces provinces était divisée en une hiérarchie complexe d'ordres et de fractions d'ordre. {...} Nous avons vu comment ces différents intérêts se constituaient en fin de compte péniblement, d'une façon incomplète et variable selon les localités, en trois grands groupes ;*[22]

À la suite de ce texte, Engels passe à la question de l'émiettement local :

> *Comment le morcellement local et provincial et l'étroitesse locale et provinciale, qui en résulta nécessairement, ruinèrent le mouvement ; comment ni les bourgeois, les paysans, ni les plébéiens ne réussirent à mener une action nationale coordonnée ; comment les paysans agirent dans chaque province de leur propre chef, refusèrent constamment de venir en aide aux paysans insurgés des régions voisines et furent ainsi anéantis successivement dans des combats isolés par des armées, dont la force numérique souvent ne représentait même pas le dixième de celle des paysans insurgés, c'est ce que chacun comprendra maintenant d'après ce qui précède {...}*[23].

---

[22] F. Engels, *La Guerre des paysans en Allemagne*, p. 108. Juste après Engels conclut sur le sujet : « *C'est ainsi que, dans la plupart des régions de l'Allemagne, les paysans et les plébéiens eux-mêmes ne purent arriver à une action commune et se firent obstacle réciproquement. Nous avons vu également quelles furent les causes qui déterminèrent cet émiettement de la lutte des classes, l'échec complet du mouvement révolutionnaire qu'il entraînait et le demi-échec du mouvement bourgeois* ». Voir *op.cit.*, p. 109.

[23] F. Engels, *ibid.*, p. 109.

Or à la fin du paragraphe, il est encore une fois question de la révolte échouée de 1848 à cause de la division de la nation allemande :

> *Divisée à son tour en plusieurs fractions, elle ne put rien réaliser et s'opposa à ses compagnons d'opposition de droite et de gauche. Quant à l'étroitesse locale enfin, elle ne peut pas avoir été plus grande en 1525, chez les paysans, qu'elle ne le fut dans toutes les classes qui participèrent au mouvement de 1848*[24].

Néanmoins, Engels n'identifie pas les deux révoltes, mais fait un parallélisme en les distinguant. Le parallélisme est basé sur l'émiettement des forces paysannes et la divergence des classes sociales. La divergence des classes sociales est fondée selon nous, au fait que chaque classe occupe une autre place dans la hiérarchie sociale, et surtout qu'elle a une relation différente avec les moyens de production. Il est crucial de retenir cette vision des choses et le prisme du matérialisme historique, proposés par Engels dans *La Guerre des paysans en Allemagne*. Il décrit le Saint-Empire comme une société avec plusieurs classes sociales opposées, avec d'intérêts différents, parfois conflictuels. Ce qui est intéressant dans la lecture engelsienne, c'est le fait que la lutte de classes n'est pas un processus déterminé. Par exemple, chaque classe sociale ne se comporte pas de la même façon pendant une longue période. Tel fut le cas de Luther et de son « parti » qui selon Engels, au début était à la tête du mouvement contestataire, tandis que par la suite ils se sont ralliés au pouvoir princier. Bien entendu, il y avait de rares exceptions des bourgeois ou des nobles de la basse noblesse qui ont participé à la lutte des troupes paysannes. Le clergé comme on va le voir plus loin, n'était pas non plus une classe uniforme : il y avait un clergé aristocratique et un bas clergé qui ne participait aux

---

[24] *Ibid.*, p. 109.

privilèges de la société féodale. Le sommet et la tête de la féodalité étaient aussi en conflit, à savoir que les princes et les nobles ou les chevaliers se trouvaient en opposition entre eux.

Engels comprend dans le texte de *La Guerre des paysans en Allemagne*, la société comme croisement et coexistence de plusieurs classes sociales, de plusieurs centres et sources de pouvoir, d'exploitation et d'oppression. Autrement dit, ce texte nous aide à modifier la conception habituelle de la théorie marxienne de la lutte de classes et de la *classe*, car il met l'accent sur la pluralité de classes sociales dans une formation sociale et le conflit interne parmi les différents groupes sociaux. Plusieurs fois des sociologues, des historiens ou des théoriciens ont soutenu l'opinion que Marx et Engels avaient une conception fixe de la lutte de classes et que les conflits sociaux entre les classes avaient lieu d'une façon très claire et très symétrique : d'une part, il y avait les citoyens libres et d'autre part les esclaves. D'un côté, les seigneurs et de l'autre côté les serfs, d'un côté les capitalistes, de l'autre les prolétaires. Néanmoins, la lecture qu'Engels nous propose de la société allemande du 16e siècle est bien plus élaborée, plus compliquée et moins symétrique. La lutte de classes ne se déroule toujours symétriquement ou ouvertement et sans contradictions. Si on suit attentivement l'analyse engelsienne, *la société - dans ce cas la société allemande féodale - est le réseau et le lieu où des forces opposées se mettent en conflit d'une façon variée*.

Dans le cas du Saint-Empire, cette situation devenait beaucoup plus intense « *puisque le groupement des ordres alors si multiples en unités plus importantes était déjà à peu près totalement entravé par la décentralisation et l'indépendance locale et provinciale, l'isolement commercial et industriel des différentes provinces entre elles, les communications difficiles* »[25]. À savoir que la multitude des ordres et des groupes sociaux s'aggravait par la structure sociale de la féodalité existante dans le Saint-Empire, entravée par l'absence d'un pouvoir central, structure qui à son tour selon Engels aggravait la lutte et l'opposition des différents groupes sociaux. En outre, la lutte de classes peut être comprise à travers le conflit idéologique et intellectuel. Engels donne l'exemple du corps des juristes qui ont commencé à se détacher du pouvoir de l'Église catholique et à faire partie de la bourgeoisie montante, ou aussi des hérésies qui sont à leur tour scindées à des hérésies des villes ou à des hérésies qui se formaient loin des centres urbains. Les hérésies n'étaient pas non plus des éléments purement autonomes qui s'opposaient aux autres ordres et principalement à l'ordre de l'Église et de la papauté, mais c'était un mouvement fractionné, dont une partie de lui trouvait une sorte « d'allié » dans le conflit social et la lutte de classes. Il y avait la partie des hérésies « bourgeoise » et les hérésies « paysannes-plébéiennes » :

> *L'hérésie des villes – et c'est l'hérésie à proprement parler officielle du Moyen Âge – se tournait principalement contre les prêtres, dont elle attaquait les richesses et la position politique. De même que la bourgeoisie réclame maintenant un* gouvernement à bon marché, *de même les bourgeois du Moyen Âge réclamaient une* Église à bon marché. *Réactionnaire dans sa forme, comme toute hérésie qui ne voit dans le développement de l'Église et des dogmes qu'une dégénérescence, l'hérésie bourgeoise réclamait le rétablissement de la constitution simple de l'Église primitive et la suppression de l'ordre exclusif du clergé*[26].

[25] F. Engels, *ibid.*, p. 40.
[26] F. Engels, *ibid.*, p. 42.

Engels distingue par la suite cette tendance d'hérésie bourgeoise des hérésies de caractère contestataire et plébéien :

> *Tout autre était le caractère de l'hérésie qui était pression directe des besoins paysans et plébéiens, et qui était presque toujours liée à une insurrection. Elle comportait, certes, toutes les revendications de l'hérésie bourgeoise concernant les prêtres, la papauté et le rétablissement de la constitution de l'Église primitive, mais elle allait aussi infiniment plus loin. Elle voulait que les conditions d'égalité du christianisme primitif soient rétablies entre les membres de la communauté et reconnues également comme norme pour la société civile*[27].

Ainsi, la conception d'Engels sur les classes sociales, le conflit interne qui peut s'exprimer comme opposition idéologique, conflit politique ou lutte armée, est bel et bien dynamique. Pour le dire autrement, les classes sociales inférieures, opprimées et exploitées ne se trouvent pas simplement en guerre directe avec leurs maîtres et leurs oppresseurs, *mais il se peut qu'elles se mettent en conflit et en désaccord entre elles*. Les paysans allemands, comme Engels l'écrit, n'ont pas pu coordonner leurs actions dans une grande échelle et comprendre que leur principal ennemi était le pouvoir territorial féodal. Donc, Engels revient à la thématique d'une société morcelée, de

---

[27] *Ibid.*, p. 43. Engels continue sur la question de l'égalité réclamée par les hérésies plébéiennes : « *De « l'égalité des enfants de Dieu », elle faisait découler l'égalité civile, et même en partie déjà l'égalité des fortunes. Mise sur pied d'égalité de la noblesse et des paysans, des patriciens, des bourgeois privilégiés et des plébéiens, suppression des corvées féodales, du cens, des impôts... {...}. Cette hérésie paysanne-plébéienne, qu'il était encore difficile, à l'époque de l'apogée du féodalisme, par exemple chez les Albigeois, de séparer de l'hérésie bourgeoise, se transforme, au XIV*^{e} *et au XV*^{e} *siècle, en un point de vue de parti nettement distinct, et apparaît habituellement de façon tout à fait indépendante à côté de l'hérésie bourgeoise* ». Voir *op.cit.*, p. 43-44.

groupes sociaux et de classes qui existent dans différentes régions. Comme on l'a déjà souligné, la société du Saint-Empire est une société divisée et dominée par son propre morcellement et par une structure en « spirale » : il y avait principalement le morcellement territorial dans le Saint-Empire avec plusieurs pouvoirs décentralisés et un pouvoir impérial faible et « d'innombrables provinces indépendantes » qui étaient plus au moins étrangères les unes aux autres et dans ce premier cycle, il y avait aussi la structure sociale très particulière :

> *{...} qui était divisée en une hiérarchie complexe d'ordres et de fractions d'ordre. Outre les princes et les prêtres, nous rencontrons la noblesse et les paysans à la campagne, les patriciens, les bourgeois et les plébéiens dans les villes, tous ordres dont les intérêts étaient totalement étrangers les uns aux autres, quand ils ne s'enchevêtraient pas ou même se contredisaient. Au-dessus de tous ces intérêts complexes, il y avait encore ceux de l'empereur et ceux du pape*[28].

Bien plus, Engels vient de participer à la révolution de 1848-1849 et il se peut qu'il voie cette dernière révolte comme une projection de la Guerre des paysans et considère qu'une partie des raisons qui avaient poussé les paysans à se révolter, ont continué d'exister au 19ème siècle, comme l'émiettement local et les oppositions entre les classes qui ont participé à la révolte de 1848-1849. Dans les deux cas, ceux qui en ont profité en 1525, c'étaient les classes supérieures, les princes et les grands souverains, l'Autriche et la Prusse en 1848-1849. Ces échecs sont dus à l'incapacité des classes opprimées allemandes à mener un combat en commun. Outre ceci, le combat mené par les paysans et les plébéiens en 1525 était une lutte qui attaquait les anciennes formes de domination féodale et non la bourgeoisie émergente. Ainsi, on ne peut

---

[28] F. Engels, *ibid.*, p. 108.

parler ni d'opposition ni de trahison ou de pacte entre la paysannerie et la bourgeoisie, mais de conflits socio-économiques qui se manifestent plus clairement pendant les périodes de guerre sociale, de révolution et de crise.

Néanmoins, pour conclure sur la question de la stratification et de la lutte de classes dans *La Guerre des paysans en Allemagne*, Engels présente les différentes tensions et forces qui sont exercées dans une formation sociale pour chaque classe sociale et comment cette lutte peut être dissimulée par les disputes religieuses ou être aggravée, intensifiée ou pacifiée à cause des différentes situations sociales et économiques qui existent à chaque territoire et des rapports de chaque classe avec le pouvoir central.

Ainsi, et pour revenir à la question de la lecture critique du texte d'Engels, dans les sous-parties qui vont suivre, après avoir examiné les conditions générales de la rédaction de la *Guerre des paysans en Allemagne*, on va mettre l'accent sur les analyses faites par Engels, son explication et son évaluation de la Guerre des paysans et les conclusions auxquelles il aboutit. La lecture qu'on propose suivra la structure du texte d'Engels.

Troisième chapitre

L'évaluation de la Guerre des paysans/ La représentation de la situation de départ, la situation économique et la structure sociale de l'Allemagne

Engels écrit quelque chose de significatif en ce qui concerne la compréhension de la Guerre des paysans et la rédaction de son texte, au tout début de la préface de la deuxième édition de 1870[29], qui vaut la peine d'être cité :

> *Mon exposé cherchait, n'esquissant le cours historique de la lutte que dans ses grandes lignes, à expliquer l'origine de la guerre des paysans, la position prise par les divers partis qui y participèrent, les théories politiques et religieuses par lesquelles ils cherchèrent à se l'expliquer et enfin le résultat de la lutte à partir des conditions d'existence historique de ces classes. En d'autres termes, je cherchais à montrer que la Constitution politique de l'Allemagne, les soulèvements contre elle, les théories politiques et religieuses de l'époque n'étaient pas des causes, mais des résultats du degré de développement auquel étaient arrivés, dans ce pays, l'agriculture, l'industrie, les voies de communication, le commerce des marchandises et de l'argent. Cette conception – qui est la seule conception matérialiste de l'histoire – provient de Marx et non de moi ; on la retrouve dans ses travaux sur la Révolution française de 1848-49, publiés dans cette même* Revue *et dans son* 18 Brumaire de Louis Bonaparte[30].

Il nous faut retenir deux éléments de cette analyse. Tout d'abord, qu'Engels avait entamé une lecture historique des

[29] Reprise aussi dans l'édition de 1875.

[30] F. Engels, *op.cit.*, p. 16.

classes sociales, des groupes sociaux et de leur opposition à l'époque de la Guerre des paysans. En deuxième lieu, que cette conception de l'histoire a ses racines dans la pensée de Marx, et plus spécialement dans son texte *Les luttes de classes en France*[31], à savoir le matérialisme historique que les deux penseurs étaient en train encore de formuler.

Comme on l'a déjà dit, on ne s'intéressera qu'à certains aspects de son texte, les plus « théoriques ». Ainsi, Engels commence sa réflexion par une sorte d'affirmation : « *Auch das deutsche Volk hat seine revolutionäre Tradition* » (*le peuple allemand a aussi sa tradition révolutionnaire*)[32]. L'importance des tentatives révolutionnaires des paysans allemands pendant le 15ème et le 16ème siècle selon Engels, n'auraient pas cet aboutissement dramatique, si elles avaient lieu dans un territoire moins fragmenté que le Saint-Empire. Bien plus, il dit quelque chose qui peut paraître étonnant d'un premier abord, le fait qu'il associe les deux moments historiques des bouleversements révolutionnaires, celui de 1525 et celui de 1848/49 trois siècles plus tard, associant en même temps les deux situations de classe :

> *Trois siècles se sont écoulés depuis, et bien des choses ont changé. Et cependant, la Guerre des paysans n'est pas si loin de nos luttes d'aujourd'hui, et les adversaires sont en grande partie restés les mêmes qu'autrefois. Les classes et fractions de classes qui ont trahi partout en 1848 et 1849, nous les retrouverons, dans le même rôle de traîtres, déjà en 1525, quoique à une étape inférieure de développement*[33].

---

[31] Karl Marx, *Die Klassenkämpfe in Frankreich 1848 bis 1850*.

[32] F. Engels, in *op.cit.*, p. 329 et l'analyse qui suit.

[33] F. Engels, *La Guerre des paysans en Allemagne*, p. 28.

La similitude des deux situations d'après Engels, consiste à la ressemblance de la situation et de l'action des classes dans le déroulement historique. À vrai dire pour Engels, bien que les situations changent, les ennemis restent au fond les mêmes pour le mouvement révolutionnaire. Pourtant, un autre élément qu'on veut retenir est la façon qu'Engels a de se situer, à la fois par rapport à l'histoire allemande et le mouvement révolutionnaire de son époque. Autrement dit, il ne conçoit pas son texte comme une étude scientifique qui portera des clarifications détaillées et nouvelles sur les événements de la Guerre des paysans. D'ailleurs, il écrivait dès le deuxième paragraphe de la deuxième édition que : « *Ce travail ne prétend pas fournir une documentation résultant d'une recherche personnelle ; au contraire, tous les matériaux relatifs aux soulèvements paysans et à Thomas Münzer ont été empruntés à Zimmermann* »[34]. Son texte vient dans un moment historique très précis. Engels se réfère à une rupture sociale qui date de trois siècles, mais en visant le prolétariat allemand et en général le prolétariat européen, qui venait de perdre une bataille décisive contre ses oppresseurs.

Il nous paraît pertinent de dire ici qu'Engels écrit afin d'accomplir deux objectifs : premièrement, celui du redressement du prolétariat de sa défaite, et secondement, qu'une possibilité de victoire au plan de la guerre des classes en Allemagne consiste profondément à la connaissance de la part de ce dernier de son histoire révolutionnaire. Cette connaissance que les prolétaires pourront par la suite l'utiliser et dont Engels a essayé avec ce texte d'être le fondateur, se trouve à la connaissance des raisons de la défaite de la Guerre des paysans, événement lointain mais capital dans l'histoire de

[34] F. Engels, *ibid.*, p. 15.

l'Allemagne et le plus important, pour la prise de conscience de la part des ouvriers qui sont les épigones selon Engels des révoltés de 1525, des failles du mouvement de 1525 et de même des failles de la révolution de 1848/49. Pareillement, d'après Engels les ennemis sont à peu près les mêmes, que ceux que les paysans avaient combattus trois siècles auparavant, à savoir que la conscience révolutionnaire passe aussi par le biais de la connaissance de l'ennemi de classe.

Après avoir insisté sur la première page du texte, passons à l'analyse de quelques aspects du premier chapitre sur la situation économique et les classes sociales dans le Saint-Empire à l'époque de la Guerre des paysans. Engels se concentre sur une lecture matérialiste de la situation sociale et économique en Allemagne au début du 16ème siècle. Plus précisément, il se penche sur quelque chose de paradoxal pour son époque dans une étude sur les révoltes paysannes : la situation de l'industrie et du commerce, plus simplement de la production économique en Allemagne juste avant la Guerre. Engels annonce presque dès le début une partie de sa conception, faisant remarquer que l'industrie allemande avait connu une effervescence assez importante pendant le 14ème et le 15ème siècle. Dans une période relativement longue, l'industrie et les rapports capitalistes de production entrent dans l'histoire économique et se substituent progressivement aux anciens rapports féodaux de production, et le centre de la production commence à se déplacer des villages et de la campagne vers les villes. De secteurs industriels tels que le tissage des lainages grossiers et de la toile connaissent un essor permanent. D'autres secteurs de l'industrie se sont développés grâce aussi aux nouvelles inventions scientifiques et techniques de l'époque, comme par exemple la poudre et l'imprimerie. Proche de la floraison de cette industrie était l'art du Moyen Âge, chose qui n'échappe pas à l'attention d'Engels : « *celle des joailliers, des statuaires, des sculpteurs, des graveurs sur cuivre et sur bois, des armuriers, des médailleurs, des tourneurs, etc.* »[35].

Le même changement s'est effectué dans le commerce avec l'apparition de la Hanse[36], mais qui a commencé à décliner à cause de la concurrence des Hollandais par les Anglais. Engels se réfère également à l'essor économique des certaines villes allemandes comme Augsbourg et Nuremberg, à l'existence d'une production minière très importante et à la mutation dans l'agriculture.

Néanmoins, pour Engels l'industrie et l'agriculture allemandes se trouvaient dans un état beaucoup plus arriéré en comparaison avec celui de l'Angleterre et de la Hollande. Le commerce maritime allemand était encore dans ses premiers pas, par rapport à celui des Hollandais ou des Anglais. Ce qui est intéressant de retenir de cette analyse, c'est le grand rôle qu'Engels assigne à l'isolement, au manque de communication des centres commerciaux et économiques allemands, aussi bien qu'à l'absence des grandes voies de communication qui auraient permis l'unification des différents intérêts économiques/commerciaux, et à l'absence de communication des villes du Nord avec celles du Sud, et de l'Est avec celles de l'Ouest. Le monde paysan selon

---

[35] F. Engels, *ibid.*, p. 29.

[36] La *Hanse* ou *Hanse Germanique* ou *Hanse Teutonique* était une association économique et commerciale des marchands des pays de l'Europe du Nord et surtout des marchands et commerçants allemands dans la mer Baltique et la mer du Nord. Les premières références à cette association professionnelle commencent autour du 12ème siècle. Son déclin se situe vers le 16ème et surtout le 17ème siècle, après les traités de Westphalie en 1648.

Engels ne se mettait pas facilement en rapport avec les mutations économiques du reste du monde et les paysans n'exportaient pas non plus leur production. À l'opposé de l'Angleterre et de la France qui avaient déjà accompli certains pas vers la centralisation administrative, politique et économique qui impliquait une connexion des divers intérêts, le Saint-Empire était exclu de ce processus, ainsi que d'une économie qui devenait petit à petit mondiale.

Après cette description du monde social et économique fragmenté du Saint-Empire, Engels s'intéresse à la décadence du système féodal traditionnel, du rôle du pouvoir impérial qui se limitait de plus en plus et surtout de l'avènement des grands propriétaires terriens qui devenaient progressivement l'équivalent des princes. D'après Engels, les vainqueurs de tout ce processus étaient ces princes qui se sont renforcés par le biais du morcellement du pouvoir impérial et de la division de la terre. Mais, après une très brève description du Saint-Empire tardif, l'accent est mis dans le reste de ce chapitre sur les classes sociales et leur rôle dans cet édifice social.

À la première place de la hiérarchie sociale, il y a les *princes*. L'élément particulier de cette classe était selon Engels, son indépendance presque absolue par rapport à l'empereur, à savoir qu'ils possédaient énormément de droits, et « *ils avaient déjà soumis à leur autorité une grande partie de la petite noblesse et des villes {...}. Par rapport à celles-ci, ils faisaient œuvre de centralisation, comme ils faisaient œuvre de décentralisation par rapport au pouvoir d'Empire* »[37]. De l'autre côté, leur façon de gouverner leurs territoires est caractérisée comme « arbitraire » et centrée à la collecte aussi arbitraire et injustifiée des impôts. Le poids des impôts, continue

[37] F. Engels, *op.cit.,* p. 31.

Engels, ne tombait pas sur les villes protégées à cause de leurs privilèges, mais sur les paysans qui réagissaient beaucoup de fois d'une façon violente. Puis, il y avait *la noblesse moyenne* qui se séparait aux petits princes indépendants ou les *chevaliers* qui étaient complètement dépendants des princes et de leurs services militaires. Le déclin de cette classe est aussi dû aux inventions militaires, l'utilisation de l'infanterie et des armes à feu, qui diminuaient leur rôle dans le combat.

L'autre classe sociale qui retient le plus l'attention d'Engels est *le clergé* qui a été aussi bouleversé par les changements économiques, l'ordre qui représentait et exprimait le plus l'idéologie et l'esprit de la société médiévale. L'imprimerie, l'extension de l'écriture et de la lecture qui jusqu'à cette époque n'étaient réservées qu'au clergé, commence à saper sa suprématie intellectuelle[38]. Cette classe avait deux sous-divisions assez distinctes. Tout d'abord, il y avait le clergé supérieur, le clergé aristocratique, dont les membres étaient en même temps des princes de l'Église et de l'Empire ou des seigneurs féodaux. Le pouvoir et la richesse de cette classe fermée étaient basés sur le travail des paysans et l'expropriation de leur labeur. Engels insiste sur le fait que ce haut clergé suscitait la haine du reste de la société féodale, tant de la noblesse que du patriarcat et des plébéiens ou du reste du clergé, à travers sa richesse excessive. De plus, il indique que le clergé s'opposait à la noblesse, constituant un obstacle à l'expansion et au pouvoir du dernier. Contrairement à ce clergé qui vivait aux dépens des paysans et des serfs, il y avait :

---

[38] Les juristes aussi, en tant que corps social bien distingué, commencent à faire leur apparition dans l'histoire vers la fin du Moyen Âge en Europe.

La fraction plébéienne du clergé {...}. Ils étaient en dehors de la hiérarchie féodale de l'Église, bien moins indispensables pour le moment que ne l'étaient les services policiers des moines encasernés {...}. D'origine bourgeoise ou plébéienne, ils étaient assez près de la situation matérielle de la masse pour conserver, malgré leur état de prêtres, des sympathies bourgeoises et plébéiennes. La participation aux mouvements de l'époque, qui n'était qu'exception chez les moines, était de règle chez eux[39].

Bien entendu, au sommet de cette hiérarchie sociale se trouvent l'empereur et le pape. Après l'analyse d'Engels à propos de ces classes qui se trouvent au faîte de la hiérarchie sociale médiévale, Engels passe à la description des groupes de la société urbaine. La première classe était le *patriarcat*, à savoir les notables de l'époque qui administraient les villes et appartenaient aux familles les plus riches. Ces notables vivaient des revenus de la ville, ils exploitaient la population de la commune et les paysans dépendants de la ville et conséquemment, ils constituaient la classe la plus riche et la plus influente dans le cadre urbain qui vivait aux dépens des autres classes par le biais des impôts et de revenus municipaux, en lui permettant de s'enrichir. Engels parle aussi de l'opposition entre les communes des villes et les notables, avec ces derniers qui essayaient constamment de préserver leurs droits même par la violence.

L'opposition au patriarcat se scindait en deux catégories principales selon la lecture d'Engels. En premier lieu, il s'agissait de l'« *opposition bourgeoise* »[40] qu'Engels la compare avec l'opposition contre les libéraux de son époque et qui rassemblait les bourgeois riches et moyens. Les revendications des bourgeois de l'époque se centraient à l'acquisition des droits municipaux et des

---

[39] F. Engels, *ibid.,* p. 34.
[40] F. Engels, *ibid.,* p. 35.

pouvoirs législatifs. C'était une classe en conflit avec le clergé féodal à cause des droits et des richesses de cette dernière. Il faut noter en passant qu'Engels fait dans ce moment du texte, une comparaison entre le rôle de ces bourgeois du 16e siècle dans la Guerre des paysans, et le rôle des bourgeois « libéraux » et « modérés » dans l'insurrection de 1848-1849.

L'autre partie de l'opposition urbaine était « *l'opposition plébéienne* ». Elle était constituée par des citadins selon l'expression d'Engels, privés des droits civiques et surtout elle était la première forme du *Lumpenproletariat*, à savoir suivant la théorie marxienne, la grande masse des résidents dans les villes sans emploi stable ni ressources ou appartenant à un ordre. Engels considère que cette classe ou groupe social a plus ou moins existé bien avant la formation moderne de la société bourgeoise, et qu'elle est relativement liée au déclin et au démantèlement du monde féodal. La plupart de ces gens sans domicile ou profession stable existaient déjà dès la première moitié du 16e siècle, et ils pouvaient facilement se rallier dans une armée pendant une période de guerre, mendiaient, ou vivre de métiers non contrôlés par les corporations. Leur rôle dans la Guerre des paysans n'était pas uniforme, mais soit, ils faisaient partie dans les armées des princes pour écraser la paysannerie, soit une branche a participé aux troupes de paysans avec des conséquences néfastes pour ces derniers, soit ils ont participé aux luttes urbaines.

Néanmoins, le *Lumpenproletariat* était encore en formation, puisque la société bourgeoise était aussi en train de se former. En d'autres mots, le passage d'une classe à une autre n'était pas à cette époque encore fixe, car les privilèges des corporations par exemple n'avaient pas disparu, mais ils étaient en train de se transformer et il y avait de l'autre côté, les paysans qui ne pouvaient pas devenir des prolétaires, puisque les rapports marchands en Allemagne étaient dans un état précoce. Engels dit quelque chose de significatif pour l'évolution de la Guerre des paysans :

> *Entre eux les compagnons, placés momentanément en dehors de la société officielle et qui, par leurs conditions d'existence, se rapprochaient du prolétariat autant que le permettaient l'industrie de l'époque et les privilèges des corporations, mais qui en même temps étaient presque tous de futurs maîtres et de futurs bourgeois, en raison précisément de ces privilèges. C'est pourquoi la position politique de ce mélange d'éléments divers était nécessairement très peu sûre et différente selon les localités*[41].

Il est évident qu'Engels en diminuant le rôle de l'opposition plébéienne et en la caricaturant, tente non simplement d'éclairer une situation et un point de l'histoire des conflits de classes en Allemagne, mais aussi d'attaquer la bourgeoisie de son époque qui se pose comme obstacle aux transformations révolutionnaires. Pourtant, il note qu'il y avait une exception capitale dans ce comportement de la classe plébéienne urbaine, celle de Müntzer dans la région de Thuringe où le mouvement paysan et la partie la plus radicale mettent sous leur contrôle le parti plébéien, quelque chose qui amènera à la bataille de Frankenhausen.

---

[41] F. Engels, *ibid.*, p. 37. Dans la même page, Engels continue sur ce sujet : « *Jusqu'à la Guerre des paysans, l'opposition plébéienne ne participe pas aux luttes politiques en tant que parti. Elle ne se manifeste que comme prolongement de l'opposition bourgeoise, appendice bruyant, avide de pillages, se vendant pour quelques tonneaux de vin. Ce sont les soulèvements des paysans qui la transforment en un parti, et même alors elle reste presque partout, dans ses revendications et dans son action, dépendante des paysans - ce qui prouve de façon curieuse à quel point les villes dépendaient encore à cette époque de la campagne* ».

Engels parle longuement de la dernière classe qui est la plus nombreuse et la plus exploitée, celle des *paysans*. La spécificité de cette classe tient au fait qu'elle joue un rôle de soubassement économique et soutient le reste de la structure sociale du Saint-Empire :

> *C'est sur eux que pesait toute la structure des couches sociales : princes, fonctionnaires, nobles, curés, patriciens et bourgeois. Qu'il appartînt à un prince, à un baron d'Empire, à un évêque, à un monastère ou à une ville, le paysan était partout traité comme une chose, comme une bête de somme, et même souvent pis. Serf, son maître pouvait disposer de lui à sa guise. Corvéable, les prestations légales contractuelles suffisaient déjà à l'écraser, mais ces prestations elles-mêmes s'accroissaient de jour en jour. La plus grande partie de son temps, il devait l'employer à travailler sur les terres de son maître. Sur ce qu'il gagnait dans ses rares heures disponibles, il devait payer cens, dîmes, redevances, taille, viatique (impôt militaire), impôts d'État et taxes d'Empire. Il ne pouvait ni se marier, ni même mourir sans payer un droit à son maître {...}. Il pouvait, quand il voulait, faire jeter le paysan en prison, où la torture l'attendait aussi sûrement qu'aujourd'hui le juge d'instruction*[42].

Un élément qui revient souvent sous la plume d'Engels, est le morcellement des forces des paysans tout au long de la Guerre des paysans, chose qui conduira à leur défaite et à leur massacre. Leurs luttes - beaucoup plus, les luttes paysannes qui ont précédé la Guerre des paysans de 1524-1525 - étaient partiellement caractérisées par la dispersion de leurs forces, l'esprit local des paysans et le manque d'unité, c'est la raison pour laquelle d'après Engels, les paysans jusqu'à la Guerre des paysans ne se sont jamais révoltés d'une façon massive et généralisée. Ce qui est retenu par Engels dans un premier moment au sujet de la situation et de la place des paysans dans la structure sociale, c'est leur état d'exploitation par la plupart des

[42] F. Engels, *ibid.*, p. 37-38.

autres classes du Saint-Empire, au moins, les classes dominantes, nobles, princes et haut clergé, et leur situation générale de plus en plus opprimée.

La fresque sociale qu'Engels donne du Saint-Empire est celle d'un croisement et de lutte constante parmi les classes, d'un enchevêtrement de plusieurs intérêts contradictoires et opposés. Ainsi, le Saint-Empire se divise en deux catégories, les paysans et les plébéiens et de l'autre côté, les princes, le haut clergé et le patriarcat. Cette division sera plus évidente lorsque la paysannerie se soulèvera en 1524-1525.

Quatrième chapitre

Les grands groupements d'opposition et leurs idéologies

Dans la deuxième partie, la plus théorique et la plus idéologique si on peut s'exprimer de la sorte, la dernière avant qu'Engels entre dans l'analyse du déroulement des événements de la Guerre des paysans, c'est-à-dire le côté purement historique, il s'agira pour lui de procéder à l'anatomie des groupes qui ont participé ou ont influencé la Guerre des paysans, en prolongeant d'une façon beaucoup plus concrète le développement du chapitre précédent, qui portait sur la situation économique et sociale du Saint-Empire. On est de l'avis que cette partie peut constituer le noyau de la compréhension de l'apport d'Engels au sujet de la Guerre des paysans et des soulèvements paysans. Ainsi, Engels conçoit la réalité idéologique et les diverses tendances au sein de la société allemande en trois groupes :

> *Le groupement des ordres alors si multiples en unités plus importantes était déjà à peu près totalement entravé par la décentralisation et l'indépendance locale et provinciale, l'isolement commercial et industriel des différentes provinces entre elles, les communications difficiles. Ce groupement ne se constitue qu'avec la diffusion générale d'idées révolutionnaires, religieuses et politiques sous la Réforme. Les différents ordres qui adhèrent à ces idées ou les rejettent concentrent la nation, à vrai dire d'une façon tout à fait malaisée et approximative, en trois camps : le camp catholique ou réactionnaire, le camp luthérien bourgeois-réformateur et le camp révolutionnaire*[43].

[43] F. Engels, *ibid.*, p. 40.

Engels procède à une division en trois parties, laquelle comme on le constate à la fin du paragraphe, peut se réduire même en deux classes, puisque certaines fois durant la Guerre des paysans, les catholiques ont collaboré avec les luthériens afin de vaincre les troupes des paysans et des insurgés. Néanmoins, il faut noter qu'Engels met en avant le fait que ces groupements des classes ne sont pas toujours stables. Parfois les luthériens joignent les catholiques, ou des membres du patriarcat et de l'opposition urbaine vont adhérer à la cause des paysans. Il se peut qu'Engels entende que dans une formation sociale comme la féodale qui est en décomposition, où les rapports de production bourgeois commencent à s'instituer et à se mettre en place lentement, les classes sociales n'étaient pas encore capables de former une conscience relativement invariable et cela s'exprimait dans la lutte des classes à une confusion parmi les ordres. C'est d'ailleurs la raison pour laquelle l'auteur allemand écrit « malaisée et approximative » et « peu de logique ». Selon cet argument, cette confusion et la non-coïncidence des intérêts par les mêmes ordres sont dues à un système féodal et territorial fragmenté, comme une carte de l'époque peut le confirmer facilement.

Le prochain élément sur lequel on veut insister et qui est peut-être un des plus cruciaux dans le texte engelsien et ce à quoi Rosa Luxemburg se référait en tant que « la philosophie de *la Guerre des paysans* », c'est le point de départ théorique de l'interprétation de la Réforme et de la Guerre des paysans par Engels. Plus précisément, il écrit sur la conception idéologique de l'histoire dominante à l'époque en Allemagne :

> *Ces idéologues sont assez crédules pour prendre pour argent comptant toutes les illusions qu'une époque se fait sur elle-même, ou que les idéologues d'une époque se font sur elle. {...} Les luttes*

de classes qui se poursuivent à travers tous ces bouleversements, et dont la phraséologie politique inscrite sur les drapeaux des partis en lutte n'est que l'expression, ces luttes entre classes, nos idéologues aujourd'hui encore, les soupçonnent à peine, quoique la nouvelle non seulement leur en vienne assez distinctement de l'étranger, mais retentisse aussi dans le grondement et la colère de milliers et de milliers de prolétaires de chez nous[44].

Juste après Engels faisait remarquer :

Même dans ce que l'on appelle les guerres de religion du XVIe siècle, il s'agissait avant tout de très positifs intérêts matériels de classes, et ces guerres étaient des luttes de classes, tout autant que les collisions intérieures qui se produisirent plus tard en Angleterre et en France. Si ces luttes de classes portaient, à cette époque, un signe de reconnaissance religieux, si les intérêts, les besoins, les revendications des différentes classes se dissimulaient sous le masque de la religion, cela ne change rien à l'affaire et s'explique facilement par les conditions de l'époque[45].

Dans ces lignes, on discerne l'idée centrale du livre et la nouveauté qu'il apporte à la perception de la Guerre des paysans, et conséquemment des conflits religieux, des mouvements religieux contestataires du Moyen Âge tardif et des hérésies. Ceci dit, Engels renverse la vision classique de l'histoire religieuse et des idées, à savoir que la religion ne constitue pas une sphère indépendante du monde social-historique et qu'elle entretient une relation dynamique avec les autres sphères de l'être social. Autrement dit, les luttes religieuses et les bouleversements causés par la religion ont une racine politique et économique, reflétant des problèmes matériels et très concrets.

Plus simplement, et sans entrer dans la question de la théorie marxiste concernant la religion dans tous ses

[44] F. Engels, *ibid.*, p. 40-41.
[45] *Ibid.*, p. 41.

détails, quelque chose qui dépasserait largement le cadre de cet ouvrage, il s'agit ici de la théorie du reflet qui consiste à dire que la religion est une sorte de miroir des mutations matérielles de la société, et qu'afin de comprendre une période historique, il faut scruter la surface religieuse et concevoir quelle sorte des raisons matérielles se trouvent derrière les revendications et les luttes religieuses contestataires qui sont nombreuses à la fin du Moyen Âge. Or, il ne faut pas non plus oublier qu'Engels se réfère à une période historique très longue et surtout dominée par l'omniprésence, ainsi que la puissance de l'Église et du clergé dans la plupart des domaines de la vie sociale, politique et intellectuelle, celle du Moyen Âge et que dans un monde social pareil, ceux qui vont le contester passeront obligatoirement par la critique de la religion et de l'Église catholique :

> *Il est donc clair que toutes les attaques dirigées en général contre le féodalisme devaient être avant tout des attaques contre l'Église, toutes les doctrines révolutionnaires, sociales et politiques devaient être en même temps et principalement des hérésies théologiques. Pour pouvoir toucher aux conditions sociales existantes, il fallait leur enlever leur auréole sacrée*[46].

Dans les trois pages qui suivent, Engels parle de l'opposition révolutionnaire qui traverse le Moyen Âge, sous forme d'insurrection armée, d'hérésie ou de tendance mystique. Dans ces lignes, Engels associe les hérésies, les mouvements chiliastiques et l'action des Taborites[47] ou de

---

[46] F. Engels, *ibid.*, p. 41.

[47] Les Taborites étaient la secte la plus radicale du hussitisme, active entre 1420 et 1452 en Bohème, formés principalement par des paysans et des couches populaires urbaines. Leur nom provient du bourg de Tábor, qui était le centre de leur activité contestataire ainsi que militaire contre la féodalité, l'Église et l'autorité du pape. Par ailleurs, comme les hussites, les Taborites sont souvent considérés comme des précurseurs du protestantisme. Ils se battent contre l'ordre féodal et

Wyclif, avec le mouvement plébéien subversif contre la bourgeoisie et le féodalisme. Cependant, un point important à retenir pour la compréhension de la pensée d'Engels et de Marx et en général du marxisme en tant que conception de l'histoire, c'est que dans ce texte il y a un rapport assez étroit entre la révolution et la contestation de la religion. En vérité, Engels propose un schéma de lecture historique assez critique et original, en disant que la religion, à part d'être simplement un facteur de conservation, d'obscurantisme et d'exploitation des masses populaires, peut exprimer pendant certaines périodes historiques des aspirations subversives.

*

Avant de continuer sur le texte d'Engels, on doit faire quelques remarques très cursives au sujet de la question des hérésies, des mouvements contestataires religieux et de la structure sociale du Moyen Âge, afin de mieux comprendre la base de la réflexion d'Engels. Pour cela précisément, on se référera à des périodes historiques différentes que celles du 16ème siècle. Plus particulièrement, les hérésies et les mouvements contestataires

---

pour une réforme de l'Église. Rappelons les principes de leur croyance : ils sont pour l'égalité de tous les êtres humains face à Dieu. Ils sont contre la confession auriculaire et rejettent le purgatoire, aussi bien que pour la pauvreté obligatoire du clergé et le retour des terres qui appartiennent à l'Église, aux propriétaires laïcs. Le seul texte sacré pour eux, est la Bible. Ils tentent de vivre selon les principes de la première Église et les plus radicaux se positionnent tant pour la suppression de l'État que pour la communauté des biens. Dans leurs communautés les Taborites avaient supprimé la propriété privée. Pourtant, il faut rappeler que la majorité des Taborites étaient des plébéiens et des artisans des villes et que la participation des paysans dans leur mouvement était limitée.

religieux qui parcourent les sociétés médiévales, résultent de plusieurs facteurs. Tout d'abord, l'esprit des premiers chrétiens et de la première Église ne pouvait pas être complètement étouffé et écarté de la conscience religieuse de la grande population, au moins des paysans et de ceux qui ne faisaient pas partie du pouvoir vassal. Le processus qui a commencé à peu près au 6ème siècle après notre ère, avec la fondation de l'épiscopat de Rome et la création d'une Église hiérarchisée, avait causé deux réactions de longue durée. Premièrement, l'une réaction consistait à une série de renouveau et des réformes de la vie monastique, qui la plupart des fois dénonçaient les conventions mondaines en se détournant de la vie sociale, mais parfois ils essayaient aussi de la réformer. Le Réforme des Bénédictins de 816-817, le mouvement des Cathares du 10ème siècle, les nouveaux ordres du 11ème jusqu'au 13ème siècle, l'ordre cistercien et l'ordre mendiant, mais également les premiers ordres des femmes appartenaient à cette mouvance. La majorité de ces mouvements ont commencé dans un niveau local, ils se sont tournés par la suite tant contre la pratique et le comportement des épiscopes locaux et des prêtres, que contre les rapports étroits de ces derniers avec les vassaux de leurs régions. Pourtant, ces mouvements n'étaient pas aux débuts tellement hostiles envers la papauté.

L'autre réaction était plus significative. Une série des hérésies qui mettaient en doute le pouvoir papal et épiscopal. Pour que l'Église catholique détruise ces hérésies, elle fonde entre 1215 et 1231 l'Inquisition et l'ordre des Dominicains. Il se peut que cette évolution ait pu être mauvaise pour les hérésies et ses membres, mais elle a été très importante pour notre connaissance historique de l'époque. À travers les pages des archives de l'Inquisition, on peut lire et « voir » des descriptions de la vie médiévale, et du rôle de l'Église dans cette formation sociale.

Le deuxième point auquel on veut se référer, c'est la question de la domination et du pouvoir idéologique de l'Église catholique. En fait, ce pouvoir était basé sur une idéologie transcendantale, et il se trouvait en rapport constant avec le pouvoir féodal et vassal. Néanmoins, l'Église catholique se trouvait en conflit et en opposition avec ses propres origines. En outre, sa pratique justifiait une rétribution très inégale des ressources économiques. D'un certain point de vue, la légitimation de la part de l'Église d'une différence entre les paysans et les nobles est la chose la plus problématique. Ainsi, il y avait une idéologie qui justifiait l'ordre social et mondain et une réalité social-historique à laquelle l'Église avait un rôle cardinal, stratifiant le corps social en plusieurs groupes : le noble s'occupe de la guerre et de la protection de la communauté, le prêtre avec la prière ainsi que du salut de l'âme, et les paysans avec la production.

Pour autant, le rôle de l'Église était considéré comme sacré. L'Église contribuait d'une façon à la création d'un sentiment de classe à la noblesse, accentuant l'exploitation que les nobles exerçaient sur les paysans avec la justification d'une sacralité. Toutefois, cette situation est difficilement comprise à notre époque, ou beaucoup plus après les Lumières et la Révolution française, c'est-à-dire le fait que la religion peut être parfois porteuse d'un sens révolutionnaire, puisque dans nos sociétés les élites sociales et économiques ont substitué les légitimations divines/transcendantales avec des justifications pratiques et matérielles.

Si on suit le raisonnement de Max Weber, la religion en contenant des visions apocalyptiques ou chiliastiques comme c'était le cas de Thomas Müntzer, a été profondément politique. L'Apocalypse politique apparaissait à presque chaque bouleversement social, faisant partie de ce que Weber appelait « le souci rationnel » du christianisme et ayant comme but une amélioration du monde. Cette opposition entre les hérésies et l'Église catholique, aussi bien que la haine que les paysans ont montrée certaines fois envers la papauté représentée par l'aristocratie ecclésiastique et le haut clergé, n'était pas simplement le résultat des taxes qu'ils devaient payer à l'Église. Leur opposition s'accentuait aussi avec une connaissance relative de la Bible et par le paradigme de la simplicité et la chasteté supposées des premiers chrétiens. Cette connaissance était produite par le bas clergé qui se mettait en rapport direct avec les paysans, et elle pouvait provoquer des réactions hérétiques. En fait, il paraît pertinent de dire que l'ordre social et transcendantal au sommet duquel l'Église se trouvait nourrissait à la fois l'obéissance et la contestation. La structure de l'Église, à savoir le fait que son fonctionnement, présupposait des prêtres ou des moines lettrés et la simplicité de la vie monastique tournait le regard des paysans aux contradictions pratiques, discursives et dogmatiques qui se trouvaient au cœur de l'Église et de la chrétienté.

Une partie des hérésies et des mouvements religieux se sont présentés en tant que mouvements de contestation. Tout de même, les limites entre la contestation de l'ordre religieux et la contestation de l'ordre social étaient à l'époque difficilement discernées. L'influence et la domination idéologique du christianisme signifiaient, en même temps, que presque toutes les révoltes paysannes contenaient des éléments essentiellement religieux. Par exemple, *la Révolte des paysans* ou autrement appelée *La Révolte des travailleurs* en Angleterre en 1381, qui a été influencée par les idées égalitaristes du théologien anglais John Wyclif (1320-1384) avait des objectifs principalement politiques et économiques. Pourtant, un des initiateurs de la révolte, John Ball, exécuté en 1381, était un prêtre qui enflammait les paysans en plusieurs endroits de l'Europe avec son fameux sermon : « *When Adam delved and Eve span/Who was then the gentleman ?* »[48]. Cette phrase paraît être basée sur un mythe chrétien très ancien qui avait une grande réputation au Moyen Âge parmi les populations paysannes, celui de *Piers the Plowman* écrit par William Langland (1332-1386). Un des actes les plus importants des révoltés était l'exécution de l'archevêque de Canterbury qui était considéré comme le responsable pour l'imposition de l'impôt de 1377. Ainsi, on peut comprendre que le christianisme était une formation religieuse et idéologique et un pouvoir - qui se voulait - transcendantal contradictoire. Dans les villages en Europe, l'Église jouait et reproduisait ces rôles contradictoires : elle légitimait et à la fois sapait le pouvoir du pape, du roi et du noble.

Mais retrouvons l'analyse d'Engels qui est tout à fait originale, puisqu'elle tente de comprendre le christianisme et les conflits religieux dans le cadre historique des interactions entre les classes sociales. Plus particulièrement, ce n'est pas simplement qu'une dimension de la lutte de classes a été exprimée à travers le langage du christianisme, mais il se peut que le christianisme ait éteint et organisé les différentes « phases » et expressions de la lutte de classes. La Grèce classique et Rome étaient les

---

48 Une traduction approximative en français est celle-ci : « *Quand Adam bêchait et Eve filait, où était alors le gentilhomme* » ?

premières formations sociales où on peut reconnaître la lutte de classes, témoignée dans plusieurs écrits. Néanmoins, dans le christianisme on a une intensification de la lutte de classes. La lourdeur des institutions économiques locales et de la dépendance mutuelle entre le village, le marché et la ferme ont aussi contribué à cette intensification. Or, cette structure de la société féodale et d'une Église détentrice de la vérité a été bouleversée tout d'abord par l'esprit égalitaire, transcendantal et apocalyptique diffus par le christianisme et certaines de ses hérésies, ensuite par la réalité d'une société extrêmement inégalitaire et par l'idéologie de classe de la noblesse. Les conflits au niveau territorial sont assez visibles pendant le Moyen Âge et une partie des historiens attribuent à ces conflits la dite « dynamique » de l'Occident. Comme on vient de le voir, l'organisation du pouvoir ecclésiastique offrait une sorte d'organisation aux révoltes des paysans. Toutefois, l'organisation des paysans était limitée à un niveau local et bien plus, les communautés paysannes n'avaient qu'une activité économique très restreinte qui ne pouvait pas s'opposer aux capacités organisationnelles des nobles. Les nobles pouvaient dominer en fin du compte les paysans. Bien plus, certaines réussites des révoltes paysannes résultaient parfois du fait que les paysans étaient dirigés par des clercs ou des nobles qui étaient mécontents.

Les aspects transcendantaux de l'idéologie chrétienne ont aidé vers cette direction. Les mécontentements périphériques des nobles pouvaient s'exprimer avec des termes universels moraux. Cela se produit avec l'hérésie des Albigeois au sud de la France au 13ème siècle, et beaucoup plus tard avec la révolte populaire qui a été appelée *Le Pèlerinage de Grâce* (*Pilgrimage of Grace*) en Angleterre à York et au Yorkshire en 1536. Autrement dit, les conflits sociaux et les révoltes de l'époque médiévale n'étaient pas simplement une expression claire et brute de la lutte de classes. Ces conflits étaient réorganisés par des institutions religieuses et ils constituaient partiellement un croisement d'oppositions étendues de classes et des rapports clientélistes. Leur champ d'activité pourrait être local ou périphérique, mais rarement étendu à un territoire plus vaste, pendant la période du Moyen Âge. Une source de ces révoltes était le pouvoir idéologique et non le pouvoir politique. Conséquemment, le pouvoir idéologique aidait et en même temps réorientait la lutte de classes.

Toutefois, les conflits religieux conçus du point de vue marxiste de la lutte de classes, ne peuvent être non plus compris si on oublie quelque chose d'essentiel. Qu'à l'époque de la Réforme et de la Guerre des paysans, les rapports capitalistes et marchands avaient déjà fait leur apparition et avaient commencé à se former en même temps que la forme de l'État-nation. Un des problèmes centraux de la société paysanne et féodale, ainsi qu'une demande constante des mouvements paysans était la question des impôts et de la dîme. Par exemple, le deuxième article des *Douze Articles* publiés le 20 mars 1525 porte sur la question de la dîme et de l'impôt de la guerre. La formation de l'État pendant le Moyen Âge tardif, puis pendant le 16ème et le 17ème siècle, était basée partiellement sur l'imposition des impôts et d'une politique économique centralisée. Ce processus a été assez long et compliqué. Mais comment la question de l'État s'associe-t-elle avec celle des luttes sociales du Moyen Âge tardif ?

*

Les grandes oppositions entre la royauté, les seigneurs et ses sujets pouvaient prendre plusieurs formes. Les révoltes paysannes faisaient partie de la pluralité des conflits au sein de la société féodale, sans viser directement l'État lui-même ou sa destruction. Ces sortes des conflits comme on l'a déjà souligné, prenaient la forme de la religion ou s'exprimaient *à travers* la religion[49]. Il est pertinent de dire que les motifs de ces révoltes ne sont pas toujours faciles à être discernés, à cause aussi du manque des sources écrites parfois, mais l'Europe du Moyen Âge tardif était bien l'endroit où des luttes sociales et luttes de classes organisées avaient leur place. Ces luttes sociales ne signifient pas forcement une lutte consciente contre l'État en tant qu'organisateur de la vie sociale, et surtout en tant que détenteur de la violence. Ces formes étaient principalement religieuses, puisque comme Engels l'avait noté, c'était l'élément principal et unificateur de l'organisation de la vie sociale : l'Église était un facteur d'unification des sociétés européennes. Et de même, la religion était le facteur d'unification de ces luttes menées par les paysans.

L'État tel qu'il se présente à la suite de l'histoire européenne, c'est-à-dire comme facteur de régulation de la vie sociale a une place plutôt secondaire par rapport au rôle de l'Église. D'ailleurs, jusqu'à une époque assez avancée, la conscience européenne se comprenait en tant que conscience chrétienne. À savoir que les conflits entre les différentes classes et groupes sociaux ne se résolvaient pas par le biais de l'État central, qui était encore sous formation graduelle, mais ils étaient contrôlés par les instances et les autorités locales, processus auquel l'État

[49] Par exemple, les Albigeois et les Hussites étaient une composante sous la bannière de la contestation religieuse de plusieurs problèmes et de demandes qui concernaient l'organisation territoriale.

territorial avait peu de participation. L'Église jouait beaucoup de fois ce rôle de régulateur de la vie politique au niveau local. Les paysans attribuaient souvent à l'Église le rôle de l'exploiteur et voulaient la transformer, pour la remplacer par une communauté des croyants sans l'existence d'un clergé.

Néanmoins, il faut dire que bien que la majorité de fois les révoltes paysannes et les mouvements même les plus contestataires aient été étouffés sans pitié par l'Église et la noblesse, qu'il y a eu jusqu'au 17e siècle en Europe des luttes sociales qui s'exprimaient à travers la religion et par le langage religieux, mais dans un cadre de plus en plus cerné par l'instance de l'État. Mais pour la plupart, ces révoltes ne touchaient pas le noyau de l'État ou elles n'aboutissaient pas à un tournant révolutionnaire généralisé. Mais ce qu'il faut noter au sujet des rapports des paysans et de leurs demandes pendant des périodes de révolte et d'agitation, c'est que les paysans attendaient de la part de l'État qu'ils le percevaient comme un juge intermédiaire, qu'il les dédommage pour les torts et les injustices faites par d'autres groupes sociaux ou personnes sur eux-mêmes, afin de réinstaurer des impôts et des privilèges plus justes. Par exemple, même lorsque le roi lui-même avait participé à l'exploitation des paysans, les derniers accusaient et attribuaient leur situation à de « mauvais conseilleurs » qui ignoraient les conditions locales et particulières. D'autres fois, bien que les paysans et des habitants des villes soient sortis victorieux de ces conflits, ils se rendaient à leurs seigneurs, ils ont été récompensés avec l'amputation, la mort ou avec une exploitation plus intense.

Pour conclure sur la question de la lutte de classes à travers le facteur des hérésies et des conflits religieux, le point de vue d'Engels insiste sur le même fait qu'on avait aussi insisté, à savoir que la lutte de classes des opprimées pendant le Moyen Âge ne pouvait pas être ouvertement et clairement politique et que leurs demandes et objectifs égalitaires ou de retour à un statut de propriété commune de biens, devait-elle s'exprimer par le biais de la religion, du langage et des idées des mouvements apocalyptiques et chiliastiques par exemple. Fermons cette parenthèse sur la lutte de classes dans la société féodale et continuons avec le texte d'Engels.

*

Pour restituer le fil du texte, aux pages qui vont suivre Engels parlera de deux grands groupes oppositionnels face au camp conservateur-catholique comme il l'appelle, et qui éventuellement au fil du temps se trouveront l'un face à l'autre : le parti de Luther et le parti de Müntzer. Ainsi Engels restitue l'action de deux hommes, leur impact et leur rôle dans leurs deux partis pendant la Guerre des paysans.

Engels se réfère à Luther en examinant son attitude dans une longue période et dans son évolution, de 1517, date où il écrit et publie ses fameuses thèses qui seront la cause du mouvement réformateur au sein de l'Église catholique et jusqu'à son attitude hostile envers les paysans révoltés en 1525. Dans un premier temps, selon Engels pendant le début du mouvement, Luther essaie de rassembler tous les éléments, bourgeois, petits-bourgeois, plébéiens et il ne rejette aucune tendance radicale, parce que son programme n'était pas encore bien déterminé. Il tente de mettre sous contrôle tous les éléments de l'opposition, du moment que l'Église catholique n'accepte pas et rejette ses propositions, représentant toute l'opposition. Tout cela pendant la première période, où la ferveur révolutionnaire du mouvement était dominante. Néanmoins, cette attitude ne va pas durer pour longtemps, et Luther ne pourra plus contrôler le déroulement des événements que sa protestation déclenchera :

> *Le peuple allemand tout entier se mit en mouvement. D'une part, les paysans et les plébéiens virent dans ses appels à la lutte contre les prêtres, dans ses prédications sur la liberté chrétienne le signal de l'insurrection ; de l'autre, les bourgeois modérés et une grande partie de la petite noblesse se rallièrent à lui, entraînant même avec eux un certain nombre de princes. Les uns crurent le moment venu de régler leurs comptes avec tous leurs oppresseurs ;*[50]

Ce qui est particulièrement intéressant ici, c'est le fait qu'Engels met en avant une sorte de conscience subjective de chacune des classes qui ont participé à la Guerre des paysans et qui ont été influencées par la Réforme. *Autrement dit, toutes les classes en Allemagne ont été prises par le changement et avaient une position, mais chacune a interprété les événements, le discours de Luther et des autres réformateurs et la critique à l'Église, partant d'une autre base*. Les paysans et l'opposition ont saisi cela en tant qu'une occasion de se défaire de la féodalité et de l'emprise de l'Église et les bourgeois en tant que le moment de profiter de la richesse de l'Église. Au fond, toutes les fractions étaient contre l'Église en tant que telle, mais pour des raisons tout à fait différentes. Donc, Engels forme l'idée que bien que toutes les classes vivent dans le même espace et elles se mettent en rapport avec les mêmes discours et mouvements, en ce cas celui de la Réforme, elles réagissent d'une façon différente, à cause des conditions et des rapports de production que chacune entreprend.

---

[50] F. Engels, *ibid.*, p. 46.

Or selon Engels, le réformateur avec le passage du temps, il s'est rallié à la bourgeoisie et contre toute sorte de violence et pour la diffusion de la *parole*. Ainsi, Luther se présente comme allié de la Réforme bourgeoise, et supporteur du changement dans le cadre des lois existantes et non par le biais de la violence. Engels explique les raisons de ce déplacement :

> *Que Luther, désormais représentant déclaré de la Réforme bourgeoise, prêchât le progrès dans le cadre de la loi, il y avait à cela de bonnes raisons. La plupart des villes s'étaient prononcées en faveur de la Réforme modérée, la petite noblesse s'y ralliait de plus en plus. Une partie des princes y adhéra, l'autre hésitait. Son succès était autant dire assuré, du moins dans une grande partie de l'Allemagne*[51].

Engels comprend l'attitude de Luther en rapport avec la volonté des princes de découper le mouvement de la Réforme de ces tendances paysannes et subversives. Luther, en tant que représentant théorique et spirituel de ce mouvement, se soumet petit à petit aux éléments conservateurs, princiers et bourgeois. Au moment de l'éclatement de la révolution, Luther essaie de jouer le rôle de médiateur et de promouvoir la paix entre les deux parties. Selon Engels, l'attaque violente vis-à-vis des paysans est due au fait que la révolte a éclaté aussi dans des régions protestantes et en Thuringe où Müntzer avait établi son conseil révolutionnaire. Tout cela a amené Luther à se rallier aux princes afin de maîtriser les insurgés qui mettaient en danger la Réforme, écrivant sa fameuse lettre « *Contre les meurtriers et les hordes de paysans voleurs* » (1525) et demandant ouvertement sans aucune hésitation, le massacre des paysans et des

---

[51] F. Engels, *ibid.*, p. 47.

insurgés[52]. Engels comparera - quelque chose qui fait à plusieurs reprises dans ce texte - à cette occasion l'attitude de Luther à l'attitude des bourgeois socialistes allemands en 1848-49.

À la suite de son chapitre, Engels s'intéresse exclusivement au personnage et à l'action de Thomas Müntzer, en rapport direct avec son parti qui a participé à la Guerre des paysans, en tant que groupe le plus avancé politiquement parlant de la révolte. Engels présente le parcours de Müntzer dans plusieurs régions de l'Allemagne et de Prague avant la Guerre des paysans, et principalement comment il a pu former son discours théologique et politique au point de devenir un agitateur politique, qui condamnait l'Église catholique et le pouvoir féodal, visant une sorte d'égalité sociale basée sur une communauté, le partage de biens et de la propriété, chose qui selon Engels est la marque distinctive d'un communiste avant la lettre :

> *Sa doctrine théologique et philosophique attaquait, somme toute, tous les points fondamentaux non seulement du catholicisme, mais aussi du christianisme. Il enseignait, sous des formes chrétiennes, un panthéisme qui présente une ressemblance curieuse avec les*

---

[52] F. Engels, *ibid.*, p. 48. Luther écrivait dans cette lettre : «*...() tous ceux qui le peuvent doivent assommer, égorger et passer au fil de l'épée, secrètement ou en public, en sachant qu'il n'est rien de plus venimeux, de plus nuisible, de plus diabolique qu'un rebelle (...). Ici, c'est le temps du glaive et de la colère, et non le temps de la clémence. Aussi l'autorité doit-elle foncer hardiment et frapper en toute bonne conscience, frapper aussi longtemps que la révolte aura un souffle de vie. (...) C'est pourquoi, chers seigneurs, (...) poignardez, pourfendez, égorgez à qui mieux mieux* ». Cité par J. Lefebvre, *Luther et l'autorité temporelle, 1521-1525*, p. 247, Aubier, Paris, 1973. Rappelons qu'avant cette lettre, Luther en avait adressé une autre aux paysans qui était une réponse aux douze articles de Memmingen. Dans celle-ci, il tentait de persuader les paysans d'emprunter la voie pacifique.

conditions spéculatives modernes et frise même par moments l'athéisme. Il rejetait la Bible comme révélation tant unique qu'infaillible {...}. La foi n'est pas autre chose que l'incarnation de la raison dans l'homme, et c'est pourquoi les païens peuvent aussi avoir la foi... {...} Sa doctrine politique se rattachait exactement à cette conception religieuse révolutionnaire et dépassait tout autant les rapports sociaux et politiques existants que sa théologie dépassait les conceptions religieuses de l'époque. De même que la philosophie religieuse de Münzer frisait l'athéisme, son programme politique frisait le communisme, et plus d'une secte communiste moderne, encore à la veille de la révolution de mars, ne disposait pas d'un arsenal théorique plus riche que celui des sectes « münzériennes » du XVIe, siècle[53].

Engels achève ce chapitre parlant de la dispute et des désaccords entre Müntzer et Luther, des rapports de Müntzer avec les anabaptistes et de son activité peu avant le déclenchement de la Guerre des paysans.

[53] F. Engels, *ibid.*, p. 51-52.

Cinquième chapitre

Prodromes de la Guerre des Paysans entre 1476 et 1517

Ce qui est intéressant dans le récit historique d'Engels, est qu'il ne suit pas exactement un ordre chronologique à sa description des événements, mais il propose un ordre d'exposition qu'il juge le plus approprié afin de situer la Guerre des paysans par rapport à ce qui l'avait précédé. Autrement dit, Engels après avoir parlé de la situation sociale et économique, les conflits de classes et des groupes sociaux, les oppositions idéologiques de deux groupes principaux qui dérivent de la Réforme, celui de Luther et de Müntzer, au lieu de commencer directement par l'exposition des événements de la Guerre des paysans, il préfère de se pencher sur les mouvements agraires qui ont eu lieu avant 1525. Ce choix semble pertinent, puisque l'histoire des mouvements contestataires religieux et paysans en Europe pendant la fin du Moyen Âge n'est pas toujours très connue et beaucoup plus en ce qui concerne le cas du pèlerinage de Niklashausen, du *Bundschuh* et du *Pauvre Conrad* qui ont lieu vers la fin du 15ème et le début du 16ème siècle.

Ainsi, Engels consacrera un chapitre sur les prodromes de la Guerre des paysans, parce que selon lui la révolte de 1525 n'est pas arrivée comme un événement découpé de la réalité historique, comme une sorte de comète. Au fond, elle avait plusieurs ancêtres et les paysans de 1525 avaient un passé contestataire assez riche et divergent. Le penseur allemand essaie de créer une association entre ces mouvements qui ont eu lieu dans le monde allemand avec des éléments qu'on retrouve ultérieurement dans les mouvements prolétariens. Engels parle dans ce chapitre des mouvements et des révoltes paysannes allemands, de leurs rapports et de leurs influences réciproques avec le monde suisse et des mouvements paysans d'origine non allemande, comme la révolte qui s'est généralisée en guerre des paysans en 1514 en Hongrie. Le premier mouvement dont Engels s'occupe, est le pèlerinage de Niklashausen en 1476 et le personnage de Jean le Joueur de fifre. Il s'agit du :

> *...Premier précurseur du mouvement, cet ascétisme que nous rencontrons dans toutes les révoltes teintées de religion du Moyen Âge, ainsi que dans les temps modernes au début de chaque mouvement prolétarien. Cette rigueur de mœurs ascétique, cette exigence de renonciation à toutes les jouissances et à tous les plaisirs de l'existence établissent d'une part, en face des classes dominantes, le principe de l'égalité spartiate, et constituent d'autre part une étape de transition nécessaire, sans laquelle la couche inférieure de la société ne peut jamais se mettre en mouvement*[54].

Retenons dans un premier temps, l'accent mis sur l'émergence des mouvements prolétariens au sein de la paysannerie qui contiennent des messages et des pratiques révolutionnaires opposées aux pratiques de la noblesse et surtout, aux pratiques de la bourgeoisie émergente. Ce mouvement et le prêche de Jean le Joueur ont duré plusieurs mois, mais ils ont été écrasés par les cavaliers de

---

[54] F. Engels, *ibid.,* p. 57-58. Juste après Engels distingue un ascétisme plébéien d'un ascétisme bourgeois qui est passionné par l'épargne : « *Cet ascétisme plébéien et prolétarien se distingue absolument par sa forme farouchement fanatique comme par son contenu, de l'ascétisme bourgeois, tel que le prêchaient la morale bourgeoise luthérienne et les puritains anglais (à la différence des indépendants et des sectes plus avancées), et dont tout le secret réside dans l'esprit d'épargne bourgeois* ». Voir *op.cit.,* p. 58.

l'évêque de Rudolf II de Scherenberg. Les deux autres mouvements dont Engels parle le plus sont, comme on l'a mentionné, le *Bundschuh* et le *Pauvre Conrad*, qui étaient deux ligues secrètes paysannes, les deux principaux noyaux de l'opposition paysanne. Le Bundschuh avait comme centre d'activité à partir de 1493 - date de la fondation de ce mouvement - les régions de Sélestat, Soultz, Dambach, Rosheim, Scherwiller. Leurs demandes étaient plusieurs. Engels évoque la demande du pillage et de l'extermination des Juifs, chose qui montre bien les limites des mouvements paysans et le fait qu'ils reproduisaient parfois le discours dominant et réactionnaire de l'Église :

> *...le pillage et l'extermination des Juifs, dont l'usure pressurait déjà, à cette époque comme aujourd'hui encore, les paysans alsaciens ; l'introduction d'une année jubilaire, où toutes les dettes seraient annulées ; la suppression des droits de douanes, accises et autres charges fiscales, de la justice ecclésiastique et du tribunal impérial de Rottweil ; le droit de vote des impôts ; la réduction du revenu des prêtres à une prébende de 50 à 60 florins ; la suppression de la confession auriculaire et le droit pour chaque communauté, d'élire ses propres tribunaux*[55].

Dans les pages qui suivent, Engels présente les moments les plus cruciaux du Bundschuh. Il insiste sur le fait que les membres du Bundschuh étaient des gens bien déterminés et que malgré leurs arrestations, les tortures qu'ils ont subies et leurs mises à mort en 1493, la conspiration révolutionnaire n'a pas été découragée et une partie s'est réfugiée en Suisse et en Allemagne du Sud dans l'actuel territoire badois. Il devient évident qu'Engels

---

[55] F. Engels, *ibid.*, p. 60. Sur l'organisation et l'activité du Bundschuh spécialement en Alsace, il y a en français le livre de Georges Bischoff *La Guerre des paysans L'Alsace et la révolution du Bundschuh 1493-1525*, La Nuée Bleue, 2010.

ne rédige pas son texte comme un historien « objectif » dans un cadre scolaire, par sa phrase suivante :

> *On ne peut pas s'empêcher d'admirer la ténacité et la constance avec lesquelles les paysans de l'Allemagne du Sud conspirèrent pendant près de trente ans, à partir de 1493, surmontèrent toutes les difficultés provenant de leur état de dispersion et s'opposant à la constitution d'une vaste organisation centralisée, et après de nombreux démantèlements, défaites et exécutions de leurs chefs, renouèrent chaque fois les fils de la conspiration, jusqu'au jour de l'insurrection*[56].

On voit bien qu'Engels exprime sa ferveur pour le Bundschuh sans parler comme un historien professionnel qui garde des distances par rapport à son sujet, mais il admire le courage des conspirateurs paysans parce qu'ils avaient affaire à une maille sociale très compliquée, dispersée et décentralisée où chaque commune et territoire avait d'autres rapports avec le pouvoir féodal et ecclésiastique. C'est comme si Engels tentait de dire aux ouvriers et aux paysans allemands du 19e siècle, qu'ils sont en train de se confronter contre des mécanismes de pouvoir pareils que ceux contre lesquels les paysans se sont confrontés quelques siècles auparavant, de regarder le Bundschuh comme une source d'inspiration.

En 1502, le Bundschuh commence à se reconstituer dans la région de Bruchsal et Engels parle de sept mille personnes faisant partie du complot insurrectionnel. Leur action était centrée à Untergrombach, entre Bruchsal et Weingarten et s'étendait jusqu'au Rhin et au-delà le margraviat de Bade. Le penseur allemand souligne de nouveau les demandes de ce mouvement et leur refus d'accepter l'ordre dominant, institué par les seigneurs : « *...refus du paiement du cens, des dîmes, des impôts et*

---

[56] F. Engels, *ibid.*, p. 61.

douanes aux princes, seigneurs et prêtres ; abolition du servage ; confiscation des cloîtres et autres biens ecclésiastiques et partage de ceux-ci entre les gens du peuple ; plus d'autre maître que l'empereur »[57]. Engels note cette revendication comme la première fois pendant laquelle, les paysans demandent la sécularisation de la propriété ecclésiastique. Ces revendications vont revenir avec Müntzer, mais celui demandera la confiscation des biens de l'Église et non simplement le partage au profit de la communauté. L'autre demande qui importe pour la conscience historique allemande est celle d'un empereur au sens que celui-ci conservera dans ses mains tout le pouvoir. Müntzer demandera une république unie et indivisible. Apparemment, Müntzer n'a pas été influencé uniquement par les théologiens chiliastiques, mais il a été également inspiré par la mémoire, les pratiques, les quêtes pour une institution d'une vie communale différente et les inspirations collectives proposées par le Bundschuh lui-même[58]. À savoir que cette remarque nous fait mieux

---

[57] F. Engels, *ibid.*, p. 61.

[58] Il est sans doute utile de mentionner ici le fait que le camarade du jeune Engels, le jeune Marx avait bien perçu cette dimension du projet et de la critique de Müntzer envers les autorités de son époque, lorsqu'il citait dans *La Question juive* un des textes du prédicateur : « *C'est dans ce sens que Thomas Münzer déclare insupportable que toute créature soit transformée en propriété, les poissons dans l'eau, les oiseaux dans l'air, les plantes sur le sol : la créature doit elle aussi devenir libre* ». Voir Karl Marx, *La Question juive*, p. 53, traduit par Jean-Michel Palmier, UGE, Paris, 1968, et édition originale, *Marx-Engels Werke*, Band 1, *Zur Judenfrage*, p. 375, Dietz Verlag, Berlin, 1972. Marx reprend cet extrait d'un écrit polémique de Müntzer de 1524 contre Luther qui s'intitulait : « *Hochverursachte Schutzrede und Antowort wider das geistlose, sanftlebende Fleisch zu Wittenberg, welches mit verkehrter Weise durch den Diebstahl der heiligen Schrift die erbärmliche Christenheit also ganz jämmerlich besudelt hat* ». On voit bien que Müntzer attaque sans ambages, l'appropriation du monde naturel par une minorité sociale. Marx et surtout Engels voyaient en Müntzer un

comprendre la position de Marx et d'Engels. Les classes dominées peuvent nous enseigner d'une certaine façon plusieurs choses, stratégies et tactiques de lutte de classes qui découlent de leur passé, et il ne s'agit pas simplement d'apporter de l'extérieur la connaissance révolutionnaire à une classe opprimée.

Mais pour revenir à la question du Bundschuh, on estime que les demandes les plus importantes sont l'abolition du servage et la confiscation de la propriété ecclésiastique. Il y a d'un côté, la volonté de la part des paysans de transformer l'ordre établi en abolissant le servage et de l'autre côté, quant au partage des biens de l'Église, il y a la question des rapports religieux des communes avec l'Église qui semblent changer complètement vers la fin du Moyen Âge. Aux yeux d'Engels, il s'agit principalement d'une question de différence entre la réalité et le discours de la majorité de l'Église, qui se trouve en désaccord avec le message de la Bible. Il insiste aussi sur le fait que les conspirateurs avaient une sorte d'activité, à partir de laquelle ils voulaient transformer la réalité religieuse et sociale, d'où leur esprit révolutionnaire doit être compris d'une façon attentive. Le Bundschuh avait comme leitmotiv - on va retrouver cette idée chez les paysans de la Grande Guerre de 1525 - la phrase « *rien que la justice de Dieu* ». Leur pratique consistait à la formation d'une armée paysanne qui occuperait les principautés environnantes. Mais néanmoins, les paysans ont été dénoncés par un ecclésiastique, il y avait des arrestations en masse et l'empereur Maximilian a ordonné des représailles pour punir les insurgés. Dans certains cas, quelques troupes des paysans ont résisté, mais à la fin ils ont été dispersés ou exécutés. Manifestement,

---

communisme avant la lettre, parce que le chef des paysans croyait que la propriété des choses appartenait à ceux qui les utilisaient, à ceux qui en avaient besoin pour leur propre subsistance.

pour que l'empereur lui-même ordonne la punition, il s'agissait d'une conspiration large et qui comportait des milliers des initiés comme Engels note.

Engels continue en marquant qu'après cette répression féroce du Bundschuh, « un calme apparent » s'est produit dans le rang des paysans et des luttes des classes. Mais ce qui est étonnant en ce qui concerne le Bundschuh, c'est la ténacité des participants et le réseau organisé dans plusieurs endroits de l'Allemagne du Sud, ainsi que leur effort était bien conscient même dans un niveau symbolique, puisqu'ils avaient comme symbole et bannière le soulier paysan à côté de la croix, contre les botes des cavaliers et comme une sorte d'incarnation de l'esprit paysan réveillé. Par la suite, Bundschuh s'est transformé au seuil du 16ème siècle en une nouvelle ligue secrète paysanne, appelée le *Pauvre Conrad*. Dans cette conspiration paysanne participaient des anciens membres du Bundschuh et son centre était dans la Forêt-Noire où :

> *...le Bundschuh continua à subsister dans un certain nombre de petits cercles isolés, jusqu'à ce qu'au bout de dix ans un chef paysan énergique réussit à grouper à nouveau, en une grande conjuration, les différents fils du mouvement. Les deux conspirations apparurent au grand jour, peu de temps l'une après l'autre, au cours des années mouvementées de 1513 à 1515, au cours desquelles les paysans suisses, hongrois et slovènes déclenchèrent une série de soulèvements importants. Le réorganisateur du Bundschuh de la région du Rhin supérieur était Joss Fritz, d'Untergrombach, un des réfugiés de la conspiration de 1502, ancien soldat caractère remarquable à tous points de vue*[59].

À part l'admiration évidente d'Engels pour la structure et l'organisation du Pauvre Conrad, pour les capacités organisationnelles de Fritz et son degré de pénétration dans la société et les communes paysannes, il se réfère énormément à cette personne dans le même esprit de ses

[59] F. Engels, *ibid.*, p. 62-63.

références ultérieures à Müntzer. Néanmoins, Fritz était un soldat et agitateur de la paysannerie avec des capacités organisationnelles très vastes. Le réseau du Pauvre Conrad paraît même plus étendu que celui de Müntzer :

On se rend compte, rien que d'après cette composition, du caractère bien plus développé que le Bundschuh avait pris sous la direction de Joss Fritz. L'élément plébéien des villes commençait de plus en plus à compter. Les ramifications de la conspiration s'étendaient sur toute l'Alsace, le Bade actuel et jusque dans le Wurtemberg et au Main. {...} Les réunions des chefs auxquelles assistaient fréquemment les membres de la localité ainsi que des délégués des localités éloignées, avaient lieu sur la Hartmatte, près de Lehen, et c'est là que furent adoptés les quatorze articles de l'association. Pas d'autre maître que l'empereur et (d'après quelques-uns) ; abolition du tribunal de Rottweil, limitation de la justice ecclésiastique aux affaires spirituelles ; suppression de tous les cens qui seraient payés jusqu'à concurrence de la valeur du capital ; réduction à cinq pour cent du taux maximum de l'intérêt ; liberté de la chasse, de la pêche, du pâturage et du ramassage du bois ; limitation des bénéfices à un par prêtre ; confiscation des biens ecclésiastiques et des joyaux des monastères au profit du trésor de guerre de la ligue ; suppression de tous les impôts et douanes iniques ;[60]

Il y a certaines choses à noter sur ces lignes. Tout d'abord, les articles du Pauvre Conrad ont un rapport avec les *Douze articles de Memmingen* rédigés douze ans plus tard, pendant la Guerre des paysans. Bien plus, on voit encore une fois des revendications qui reviennent de la part des paysans, comme la limitation des bénéfices du clergé, la confiscation des biens de l'Église et des monastères, aussi bien que la suppression des impôts arbitraires et injustes. Ainsi, il y a une sorte de filiation et de rapport qu'on trouve dans tous les mouvements paysans allemands dès la fin du 15ème siècle et jusqu'à la Guerre des paysans et qui peuvent être compris comme une

[60] F. Engels, *ibid.*, p. 63-64.

volonté des communautés paysannes d'une plus grande marge de liberté au sens concret du terme. En d'autres termes, une liberté qui pourrait leur permettre de s'approprier partiellement des matériaux et des ressources qu'ils utilisent pendant des siècles et une sorte de justice par rapport à la richesse du clergé aristocratique.

Engels continue son récit en expliquant comment l'insurrection était censée d'éclater vers l'automne de 1513, mais la tentative a échoué parce que Fritz n'était pas à Heilbronn pour faire pendre la bannière de la ligue (sur laquelle était écrit « *Seigneur, soutiens ta justice divine !* ») et ses compagnons ont essayé de précipiter l'insurrection prématurément et de s'emparer de Freiburg. Pourtant, la tentative a été découverte à cause de la trahison de deux conjurés et les soldats du gouvernement impérial à Ensisheim et du Conseil de Fribourg ont été mobilisés. D'autres membres du Bundschuh furent arrêtés, torturés et exécutés, mais la plupart, Fritz inclus, ont pu s'enfuir. Plusieurs des conjurés ont passé sur le territoire suisse et les gouvernements suisses ont poursuivi et exécuté certains d'eux. Le Bundschuh avait selon Engels influencé une partie de la paysannerie suisse, puisqu'une année plus tard, en 1514 une révolte s'est déclenchée à Berne, à Soleure et à Lucarne qui a amené à l'obtention de certains privilèges pour les paysans. Engels explique cette réussite des paysans en Suisse par le fait que dans ces territoires n'existait pas une grande concentration des troupes armées des princes, comme celle qui existait en Allemagne.

Néanmoins, le Bundschuh est réapparu en tant que Pauvre Conrad en Wurtemberg en rapport direct avec la conspiration de Bade. Les documents montrent que le Bundschuh comme appellation était si dangereuse que les conspirateurs étaient obligés de changer le nom et d'adopter dès 1503 celui du Pauvre Conrad (*Armer Konrad* et aussi *Armer Kunz*). Cette deuxième conspiration du Pauvre Conrad à Wurtemberg s'étendait de la vallée de la Rems jusqu'aux pieds des montagnes de Hohenstaufen. Engels note que cette conspiration n'était plus une secte et un secret des communes paysannes. La nouvelle insurrection éclate au printemps de 1514 et entre 3000 et 5000 paysans ont marché vers la ville de Schlöndorff, où il y avait les maisons de principaux conspirateurs du Pauvre Conrad. Les impôts élevés sur le vin, la viande et le pain ont contribué à l'explosion des paysans. Les demandes des paysans n'ont pas été écoutées et le duc Ulrich est arrivé avec quatre-vingts cavaliers pour imposer l'ordre, en promettant de supprimer les impôts, mais les chefs du Pauvre Conrad ont compris qu'il voulait simplement gagner du temps pour recruter plus des troupes pour pouvoir à la fin collecter les impôts des paysans. Les chefs du Pauvre Conrad lancèrent des appels au mouvement pour un congrès qui devait se tenir le 28 mai à Untertürkheim, où ils ont pris la décision de continuer l'action et d'effectuer un coup dans la vallée de la Rems, afin que l'insurrection puisse s'éteindre à tout le pays. La ligue des paysans de Haute-Souabe a adhéré à l'insurrection des paysans du Pauvre Conrad et les villes de Backnang, de Winnenden, de Markgroenningen, les régions de Weinsberg jusqu'à Blaubeuren et la frontière étaient en révolte. Le duc Ulrich devait céder et convoquer la diète pour le 25 juin et demander aux villes libres leur aide pour étouffer l'insurrection qui « avait une ressemblance étrange avec le Bundschuh »[61]. Mais voyons comment Engels raconte la fin de ce Bundschuh :

[61] F. Engels, *ibid.*, p. 65.

Ulrich, dont l'armée s'était renforcée entre temps des contingents mis à sa disposition par les villes qui, leurs revendications étant maintenant satisfaites, se retournaient avec fanatisme contre les paysans, se jeta malgré l'accord sur la vallée de la Rems, dont les villes et les villages furent livrés au pillage : 1600 paysans furent faits prisonniers, 16 d'entre eux furent immédiatement décapités, les autres condamnés pour la plupart à des amendes considérables au profit d'Ulrich. Un grand nombre furent maintenus longtemps en prison. On édicta des lois sévères pour empêcher la reconstitution de l'association et de toutes les assemblées paysannes, et la noblesse souabe conclut une alliance spéciale pour réprimer toute tentative d'insurrection. Cependant, les principaux chefs du Pauvre Conrad avaient réussi à s'enfuir en Suisse, d'où ils retournèrent chez eux pour la plupart isolément, au bout de quelques années[62].

Il faut noter qu'Engels parle de cette insurrection principale du Pauvre Conrad, qui a eu lieu dans la deuxième décennie du 16ème siècle relativement vite, en deux pages. Il est sûr qu'il ne pouvait pas traiter tous les aspects qui concernaient les communes paysannes et plébéiennes, où le Bundschuh et le Pauvre Conrad étaient présents. Ce chapitre est une sorte de texte préparatoire pour que le lecteur puisse se situer historiquement par rapport aux chapitres qui vont suivre sur la Guerre des paysans. Il n'épuise pas tous les détails concernant la structure du Bundschuh et du Pauvre Conrad, ainsi que les conditions historiques dans lesquelles ces ligues ont été actives. Ainsi, il construit un discours centré sur la narration des faits qui ont conduit à l'explosion de révoltes locales, qui ont failli de se généraliser en plusieurs endroits et d'enflammer le Saint-Empire.

[62] F. Engels, *ibid.*, p. 66.

Sixième chapitre

La révolte des nobles

Le chapitre sur la révolte des nobles est le plus court du livre d'Engels. Néanmoins, la chose la plus étonnante est qu'Engels effectue dans ces pages une analyse très précise sur la position et la situation de la noblesse allemande pendant le 16ème siècle et son état conflictuel avec les autres classes sociales pendant la période de la Réforme. En fait, Engels entame son analyse historique parlant de la situation sociale dans un niveau plus général. Il s'intéresse à la Réforme, cette sorte de brèche dans l'histoire du Saint-Empire et essentiellement de l'Europe, qui a bouleversé tout l'Empire. Les 95 thèses de Luther ont rassemblé momentanément les intentions et les aspirations diverses de tous les ordres :

> *Elles donnèrent dès l'abord aux aspirations multiples et contradictoires des chevaliers comme des bourgeois, des paysans comme des plébéiens, des princes avides d'indépendance comme du bas clergé, des sectes mystiques clandestines comme de l'opposition littéraire des érudits et des satiristes burlesques, une expression générale commune, autour de laquelle ils se groupèrent avec une grande rapidité surprenante. Cette alliance soudaine de tous les éléments d'opposition, si courte que fût sa durée, révéla brusquement la force immense du mouvement et le fit progresser d'autant plus rapidement*[63].

La situation conflictuelle que Marx et Engels appellent *lutte de classes*, commence dans le Saint-Empire selon le dernier, alors que tous les ordres qui avaient participé

---

[63] F. Engels, *ibid.*, p. 70.

pendant le premier temps au mouvement réformateur n'avaient pas les mêmes intérêts politiques et économiques. C'est pourquoi il y avait de dissensions qui ont fini par opposer « *...les uns aux autres par leur situation sociale et les amener à leur position d'hostilité normale* »[64]. Ce conflit qui était fondé sur les différentes places que chaque classe sociale occupait dans la structure sociale féodale tardive a été la cause pour la formation de deux grands groupes pendant la Réforme qui existeront pratiquement jusqu'à la fin de la Guerre des paysans : la noblesse se ralliait avec la bourgeoisie d'après Engels et ces deux classes ont suivi Luther. L'autre grand groupe social, qui commence à se former d'une façon plus consciente, était les paysans et les plébéiens, les éléments qui se radicaliseront pendant la Guerre des paysans. Pour Engels, cette opposition entre le groupe « modéré » et le groupe radical se manifeste clairement en tant que conflit idéologique et théologique entre Müntzer et Luther.

Ainsi, Engels se réfère à une période historique de crise, au sens d'un conflit très intense déclenché entre les classes d'une formation sociale qui peuvent selon les circonstances aboutir à une guerre civile et sociale généralisée. Mais, la crise profonde à laquelle la société féodale se trouvait peu avant la Guerre des paysans et peu après la Réforme, a pris forme avec un conflit entre la noblesse, les princes et le clergé aristocratique. La noblesse allemande d'après Engels - il le confirmera de nouveau dans son texte « *La décadence de la féodalité et l'essor de la bourgeoisie* » - était en train de perdre ses privilèges au profit des princes séculiers et ecclésiastiques et des principautés séparées souveraines dans lesquelles sa place, son rôle et sa puissance étaient limités. À cela s'ajoutait aussi le fait que la noblesse allemande se

[64] F. Engels, *ibid.*, p. 70.

percevait comme l'ordre par excellence qui représentait la puissance impériale et militaire. Sa force en tant qu'ordre était identique selon elle, de la force et de l'unité de la nation allemande. En ce qui concerne les princes, la noblesse prenait conscience que leur force grandissante constituait un problème et une menace pour l'ordre du Saint-Empire :

> *De là, le mécontentement général de la chevalerie causé par la situation politique pitoyable de l'Allemagne, par l'impuissance extérieure de l'Empire, qui augmentait dans la mesure où la maison impériale rattachait au Reich par héritage une province après l'autre, par les intrigues des puissances étrangères à l'intérieur de l'Empire et les complots organisés contre le pouvoir impérial par les princes allemands alliés à l'étranger. {...} La synthèse en fut assumée par Ulrich von Hutten, le théoricien de la noblesse allemande, en collaboration avec Franz von Sickingen, son représentant militaire et politique*[65].

Hutten avait revendiqué la réforme du Saint-Empire d'une façon très précise au nom des nobles. En fait, il demandait la suppression des principautés, leur sécularisation et à la fois la sécularisation des biens ecclésiastiques et « *l'établissement d'une démocratie aristocratique, ayant à sa tête un monarque, dans le genre de la défunte République polonaise à ses meilleurs jours* »[66]. Les nobles et dans ce cas von Hutten et Sickingen concevaient les princes comme la raison principale du morcellement territorial et politique de la nation et du Saint-Empire, et le clergé aristocratique comme un groupe extrêmement puissant et économiquement nocif. Du reste, ces deux revendications de la noblesse sont très proches, sinon identiques avec celles des paysans qui demandaient l'abolition de ce système morcelé, ne reconnaissant que l'empereur comme

[65] F. Engels, *ibid.*, p. 71.
[66] F. Engels, *ibid.*, p. 71.

autorité suprême et l'Église telle qu'elle était, comme un corps qui vivait au détriment du reste des ordres.

Il est intéressant de noter l'insistance d'Engels sur l'activité de chaque classe sociale et plus précisément, sur le fait que les classes sociales sont obligées parfois de soutenir des positions et des thèses sur l'échiquier idéologique tout au long de la lutte politique, qui ne correspondent pas à leurs vraies positions et opinions idéologiques ou d'effectuer des manœuvres tactiques et idéologiques temporelles. Engels donnera, comme on pourra le voir plus tard, l'exemple de Thomas Müntzer et de son « parti » et en ce qui concerne ce chapitre, il prend l'exemple de von Hutten qui était obligé de faire des concessions :

> *La noblesse, à elle seule, n'était pas assez forte pour réaliser cette entreprise, et c'est ce que prouvait sa faiblesse croissante vis-à-vis des princes. Elle devait se trouver des alliés, et les seuls alliés possibles étaient les villes, les paysans et les théoriciens influents du mouvement de la Réforme. Mais les villes connaissaient suffisamment la noblesse pour n'avoir aucune confiance en elle et repousser toute alliance avec elle*[67].

Selon Engels, les comportements des classes sociales, surtout des classes dominantes, ont une certaine similitude à travers le temps et les lieux. Il avait déjà noté certains parallèles entre les princes allemands de 1525 et les bourgeois allemands de 1848-49, entre la noblesse allemande de 1525 et la noblesse polonaise pendant les insurrections de 1830 à 1846. Dans un premier moment de ces révoltes, des classes diamétralement opposées marchaient pour une courte période sous la même bannière comme au tout début de la Réforme. Mais rarement dans l'histoire la noblesse a accordé volontairement ses

---

[67] F. Engels, *ibid.*, p. 72.

privilèges aux paysans. En d'autres mots, la noblesse ne pouvait pas - comme Engels disait - renoncer à son propre statut, puisque l'abolition du servage signifierait sa destruction comme classe sociale et la fin de la féodalité. En Allemagne, ce processus a été plus long, l'effort des paysans de changer la situation sociale et leur place dans la hiérarchie a échoué et la décomposition de la féodalité a eu essentiellement lieu dans une période de trois siècles.

L'analyse d'Engels incite à comprendre les alliances entre certaines classes comme occasionnelles. Selon lui, les paysans et les nobles ne peuvent pas coexister longtemps dans une période des bouleversements sociaux, politiques et religieux et ils se trouvent finalement opposés. Ceci fut le sort de la noblesse pendant sa révolte contre les princes peu après la Réforme et peu avant la Guerre des paysans, se soumettant au pouvoir princier fractionné. En ce qui concerne le déroulement des événements, Engels en parle moins, insistant plus particulièrement sur les conflits entre les classes.

Hutten et Sickingen ont fondé en 1522 à Landau une ligue militaire pour des raisons dites défensives. Ils ont rassemblé une armée recrutée de plusieurs régions du Saint-Empire, comme la Franconie, la Westphalie et le cours intérieur du Rhin. En septembre de la même année ont déclaré la guerre contre l'électeur-archevêque de Trèves. Pendant le siège, les princes - landgrave de Hesse et l'électeur du Palatinat - sont intervenus et Sickingen se réfugiait dans son château à Landstuhl. Hutten, abandonné par le reste de la noblesse allemande qui a vu la réaction rapide des princes, est allé aussi à Landstuhl, où peu après il est mort à cause de ses blessures. La noblesse du Saint Empire, depuis cette occasion perdue, se trouvait au service des princes. Les nobles ont ainsi préféré dans un moment crucial comme la Guerre des paysans trois ans plus tard, de se rallier aux princes qu'aux paysans.

Paradoxalement, les dernières lignes de ce chapitre finissent presque de la même façon que le chapitre précédent sur la révolte de Dosza. À savoir que dans les deux cas, Engels parle de deux révoltes. Dans le premier, d'un petit noble hongrois de la Transylvanie qui a su transgresser les limites de sa propre classe et se rallier aux paysans et dans le second cas, des nobles allemands qui n'ont pas franchi les limites de leur situation sociale et se sont soumis aux princes, en battant encore une fois les paysans sous leurs ordres. Ainsi, Engels montre un corps social déchiré par ses propres tensions et conflits internes. Autrement dit, la plupart du temps, les classes dominantes, les princes ou le clergé aristocratique sont diamétralement opposées aux classes opprimées.

Mais dans cette structure compliquée des classes et des ordres médiévaux, certaines classes comme la noblesse commencent à perdre leur propre statut pour des raisons diverses, les mutations de la technologie militaire par exemple, comme on peut l'apercevoir à travers l'analyse d'Engels dans son texte *La décadence de la féodalité et l'essor de la bourgeoisie*. À vrai dire, l'analyse du matérialisme historique n'est pas si symétrique. Plus clairement, les classes peuvent être opposées à cause de leur position dans la chaîne de la production économique, mais il y a la possibilité comme on le constate, qu'une classe dominante se tourne momentanément contre une autre classe dominante, comme tel fut le cas dans la révolte des nobles en 1522. Engels ne consacre pas beaucoup de temps sur l'événement lui-même, mais il veut plutôt comprendre les raisons qui ont conduit à cette brève révolte, ramenant cette classe à sa situation antérieure, celle d'assistante des princes à l'oppression des paysans.

Pourtant, on voit bien que, selon Engels, ce qui domine à la fin est la force qu'une classe sociale peut utiliser pour s'imposer sur une autre classe sociale, une lecture de l'histoire très proche de ce point de vue de la vision de Thucydide selon qui, le droit dans une société est le résultat de la force virtuelle ou effective qu'un groupe humain exerce sur un autre groupe humain moins puissant.

Septième chapitre

L'analyse des conséquences de la Guerre des paysans

Ayant essayé de restituer le fil du texte d'Engels dans les parties les plus importantes, on arrive au dernier chapitre, dans lequel il tire quelques conclusions sur la Guerre des paysans et sur son rapport avec la révolution de 1848-1849. Comme on le sait, les troupes paysannes furent écrasées et massacrées :

> *La plus grandiose tentative révolutionnaire du peuple allemand se termina par une défaite honteuse et une oppression momentanément redoublée. Mais avec le temps cependant, la situation de la paysannerie ne fut pas aggravée par l'écrasement de l'insurrection*[68].

Selon Engels, les guerres de religion qui ont suivi, et la Guerre de Trente ans ont eu un impact beaucoup plus direct et dévastateur sur la vie des paysans à long terme. La Guerre des paysans est présentée comme une étape singulière et décisive mais pas unique, de l'abaissement, de la destruction et de l'asservissement de la paysannerie allemande. L'autre classe qui a été touchée par la Guerre des paysans était le clergé, qui a vu ses monastères et les abbayes ruinés, autant que sa fortune. La sécularisation des biens de l'Église proclamée par les révoltés était au profit des princes et partiellement des villes qui voulaient s'approprier de la propriété ecclésiastique. L'autre classe qui a perdu une partie de son statut était la noblesse, dont

[68] F. Engels, *ibid.*, p. 106.

les paysans avaient détruit une partie de châteaux, tombant sous le joug des princes. Les villes non plus n'ont pas tiré de très grands profits de la Guerre des paysans, et elles ont gardé plus au moins la même structure sociale jusqu'à la Révolution française. Le plus grand profit revient aux princes, qui dépouillent la propriété de la noblesse et du clergé, s'imposant de plus en plus sur les communautés, prescrivant plus d'impôts, supprimant les droits des municipalités et acquérant un pouvoir économique plus considérable.

Pour conclure sur les conséquences de la Guerre des paysans, voyons rapidement les causes pour lesquelles les paysans ont échoué selon Engels :

> *Nous avons vu comment l'Allemagne était morcelée non seulement en d'innombrables provinces indépendantes, presque totalement étrangères les unes aux autres, mais encore comment la nation, dans chacune de ces provinces, était divisée en une hiérarchie complexe d'ordres et de fractions d'ordre ; {...} comment malgré ce groupement pénible, chaque ordre s'opposait à la direction donnée par les conditions de l'époque au développement national, agissait indépendamment, entrait ainsi en conflit avec tous les autres éléments d'opposition. {...} C'est ainsi que, dans la plupart des régions de l'Allemagne, les paysans et les plébéiens eux-mêmes ne purent arriver à une action commune et se firent obstacle réciproquement*[69].

C'est le morcellement local et territorial des communautés paysannes qui a condamné et détruit les paysans d'après Engels[70], aussi bien que le fait qu'ils ne parvenaient pas à être mobilisés comme *une classe sociale avec des intérêts communs*. La plupart des troupes n'ont pas pu créer une force unique pour écraser les armées des

---

[69] F. Engels, *ibid.*, p. 108-109.

[70] On a déjà mentionné cette approche d'Engels, qu'on retrouve par la suite chez d'autres penseurs marxistes comme Lukács.

princes, preuve d'esprit provincial des paysans. Néanmoins, Engels en condamnant la manière des paysans de mener la guerre, comprend très bien que leur action était restreinte dans un certain cadre social, politique et territorial. À part les causes de l'échec, il est intéressant de voir la comparaison qu'Engels effectue entre la Guerre des paysans et la révolution de 1848-49, où il voit le conflit interne des classes soulevées, incapables de distinguer au-delà de leur propre intérêt, comme en 1524-1525. Le penseur communiste est bien conscient du fait que le morcellement de l'espace allemand et les différences d'intérêts de chaque classe ont condamné les deux mouvements à la défaite. Il distingue toujours les deux mouvements, puisque la Guerre de 1525 était une entreprise allemande, tandis que 1848 était une entreprise française, allemande et européenne.

Pourtant, avant de passer au chapitre suivant, ajoutons quelque chose concernant l'apport du texte *La Guerre des paysans*. Plus particulièrement, ceci consiste au fait qu'Engels privilégie la méthode matérialiste, autrement dit, la relation bipolaire *guerre-classes*, la guerre conçue comme le conflit matériel des classes opposées. Après avoir analysé le texte la *Guerre des paysans en Allemagne*, on va passer au résumé et à la lecture des lignes générales des textes engelsiens des années quatre-vingt sur la Guerre des paysans et sur la Réforme. Les lignes suivantes nous paraissent indispensables pour une compréhension plus complète de la vision historique et matérialiste d'Engels au sujet de la Guerre des paysans, c'est-à-dire une lecture qui tient compte de l'évolution de la pensée engelsienne.

Huitième chapitre

Les « Notes pour la Guerre des paysans »

Ce très bref texte qui date de 1884 et qui a plutôt la forme d'un brouillon, dans lequel Engels rassemble ses pensées sur la Guerre des paysans, peut être divisé en deux moments[71]. Dans le premier, Engels fait quelques remarques générales sur le caractère et la place de la Réforme et de la Guerre des paysans dans le développement historique de l'Allemagne. Le deuxième moment est celui où il donne les causes de ces événements sous la forme des phrases courtes. En vérité, on a affaire à une prise de notes comme d'ailleurs le titre lui-même l'indique.

Engels entame sa réflexion, en reprenant plus au moins les positions déjà soutenues dans *La Guerre des paysans en Allemagne* :

> *La Réforme – luthérienne et calviniste – révolution n° 1 de la bourgeoisie, dans laquelle la Guerre des paysans constitue l'épisode critique. Décomposition du féodalisme ainsi que développement des villes, tous deux ayant un effet décentralisateur, ce qui rend la monarchie absolue directement*

[71] Engels aura comme projet durant les années 1880, de réécrire dès le début *La Guerre des paysans en Allemagne*, comme il le faisait savoir à Édouard Bernstein dans une lettre du 11 novembre de 1884. Pourtant, l'édition du deuxième et du troisième tome du *Capital* de Marx, a rendu cette tâche impossible. Mais Engels va au moins rédiger les *Notes pour la "Guerre des paysans"* qu'on va étudier dans ce chapitre, et *La décadence de la féodalité et l'essor de la bourgeoisie* qu'on verra dans le chapitre suivant. De même au début des années en 1890, il va tenter de nouveau de réécrire l'histoire de la grande Guerre sans y parvenir.

nécessaire pour maintenir la cohésion des nationalités. Il fallait qu'elle soit absolue précisément à cause du caractère centrifuge de tous les éléments. Cependant ne pas comprendre absolu au sens vulgaire : en lutte constante soit avec les ordres, soit avec les féodaux et les villes en rébellion ; les ordres nulle part abolis ; donc à qualifier plutôt de monarchie appuyée sur les ordres (encore féodale, féodale en décomposition et bourgeoise-embryonnaire)[72].

Ainsi, Engels continue dans la ligne interprétative de sa jeunesse selon laquelle, la Réforme fut un mouvement principalement bourgeois, mais qui pendant son premier moment de déclenchement a pu ressembler des éléments plébéiens et paysans, situation qui n'a duré que peu de temps, après que Luther eut déplacé les orientations du mouvement vers des chemins plus pacifiques et conciliants. Les éléments plébéiens et surtout paysans vont constituer le moment critique et authentiquement révolutionnaire, celui de la Guerre des paysans. D'autre part, il y a encore le lieu commun chez Engels d'une vision de la Réforme et de la Guerre des paysans comme expressions de la décadence du système de production féodal et de l'avènement des nouveaux rapports de production et d'échange qui ont eu lieu dans les villes. Selon Engels le déclin de la féodalité, l'émergence de l'état monarchique et de la royauté passent par un changement profond des rapports de production. Néanmoins, cette lutte ne s'effectue pas sous les mêmes termes que la lutte des classes se déroulera pendant le 19ème siècle entre prolétaires et bourgeois, mais sous une forme comme le fait remarquer Engels, « centrifuge » et avec des acteurs tels que la féodalité en décomposition et la bourgeoisie qui est en train de se constituer comme classe transformatrice des rapports économiques et sociaux. La Réforme en tant que la première révolution de la

[72] F. Engels, *Notes pour la "Guerre des paysans"*, in *La Guerre des paysans en Allemagne*, p. 113.

bourgeoisie ou si on veut, de la bourgeoisie embryonnaire[73], arrive à s'imposer à plusieurs régions de l'Europe.

À la suite de cette courte prise des notes, Engels énumère certaines des causes qui ont contribué à l'éclatement de cette première révolution bourgeoise. Les raisons les plus intéressantes données par Engels tiennent à ce que le féodalisme n'a jamais été achevé en tant que système de production en Allemagne[74] pendant le Moyen Âge, et secondement à l'opposition entre l'empereur et les princes territoriaux de l'Empire. Pourtant, Engels considère comme *les* facteurs décisifs de la réussite de la Réforme l'émiettement provincial du Saint-Empire et l'absence d'unité nationale, tels qu'on les retrouve dans l'Espagne, l'Angleterre et la France de l'époque et qui ont donné naissance au gouvernement monarchique. Cette absence d'une monarchie nationale forte et centralisée en combinaison avec l'avènement du pouvoir des villes dans l'horizon historique sont les raisons principales de la Réforme dans ce texte d'Engels.

---

[73] Il est clair qu'Engels est bien conscient du fait que certaines des classes ou des groupes qui ont joué un rôle dans la Réforme, sont encore dans un stade de formation, tels que la bourgeoisie ou l'opposition plébéienne des villes, quelque chose qui explique suffisamment dans son chapitre « *Les grands groupements d'opposition et leurs idéologies* », et qui d'ailleurs dans le cas du groupe plébéien urbain avait causé sa défaite.

[74] Bien que notre remarque ne fait pas partie de notre sujet, ou des nos propres compétences et connaissances historiques, la recherche historique ultérieure marxiste se rallie à l'opinion d'Engels, en soutenant que le système féodal n'a pas existé partout dans l'Europe médiévale avec la même intensité et avec la même forme (par exemple dans les pays scandinaves), et qu'on avait de grandes différences parmi les différents pays. Nous nous appuyions sur les remarques de l'historien marxiste britannique Perry Anderson, présentées dans son livre *Passages from Antiquity to Feudalism*, paru en 1974.

Neuvième chapitre

« *La décadence de la féodalité et l'essor de la bourgeoisie* »

Le prochain texte, beaucoup plus long, nous demandera un développement plus élaboré que le premier, bien qu'il se réfère à la même période historique. Tout au long de ce texte, Engels essayera d'éclaircir un ensemble des données qui ont abouti à la chute, à la décomposition de la féodalité et à l'émergence lente, mais constante des rapports de production bourgeois-capitalistes. Plus exactement, il commence son texte en annonçant sa thèse principale :

> *Tandis que les luttes sauvages de la noblesse féodale régnante emplissaient le Moyen Âge de leur fracas, dans toute l'Europe de l'Ouest le travail silencieux des classes opprimées avait miné le système féodal ; il avait créé des conditions dans lesquelles il restait de moins en moins de place aux seigneurs féodaux. Certes, à la campagne, les nobles sévissaient encore ; {...} Mais alentour s'étaient élevées des villes : en Italie, dans le midi de la France, au bord du Rhin, les municipes de l'antiquité romaine, ressuscités de leurs cendres ; ailleurs, notamment en Allemagne, des créations nouvelles ; toujours entourées de remparts et de fossés, c'étaient des citadelles bien plus fortes que les châteaux de la noblesse, parce que seule une grande armée pouvait les réduire. Derrière ces remparts et ces fossés se développait – assez petitement et dans les corporations – l'artisanat médiéval, se concentraient les premiers capitaux, naissaient et le besoin de commercer des villes entre elles ainsi qu'avec le reste du monde, et peu à peu également, avec le besoin, les moyens de protéger ce commerce*[75].

[75] F. Engels, *ibid.*, p. 115.

Ainsi, Engels marque principalement la synchronie de deux processus, l'un concernant la décadence du pouvoir féodal et l'autre le long développement de l'espace, de l'économie et du commerce urbains. Selon le penseur communiste, à partir du 15ème siècle un détachement et une marge d'action se produisent au sein de la bourgeoise naissante, puisque :

> *...les bourgeois des villes étaient devenus plus indispensables à la société que la noblesse féodale. {...} D'autre part, les besoins de la noblesse elle-même avaient grandi et s'étaient transformés au point que, même pour elle, les villes étaient devenues indispensables. {...} Tandis que la noblesse devenait de plus en plus superflue et gênait toujours plus l'évolution, les bourgeois des villes, eux, devenaient la classe qui personnifiait la progression de la production et du commerce, de la culture et des institutions politiques et sociales*[76].

Pourtant, Engels considère que ces changements, bien qu'ils aient été assez lents par rapport au développement essentiellement différent des rapports bourgeois qui ont eu lieu trois et quatre siècles plus tard et soient restés dans une grande partie dans le cadre des limites imposées par la féodalité, « *tout mesquins et limités que restassent les métiers et avec eux les bourgeois qui les pratiquaient, ils suffirent à bouleverser la société féodale et restèrent tout au moins dans le mouvement tandis que la noblesse stagnait* »[77]. Ici, Engels parle d'un élément nouveau qui a bouleversé les rapports sociaux et économiques du Moyen Âge - le jeune Marx l'avait nommé « l'autre homme » - celui de l'argent :

> *La bourgeoisie des villes avait, en outre, une arme puissante contre la féodalité : l'argent. Dans l'économie féodale type du début du Moyen Âge, il y avait à peine eu place pour l'argent. Le seigneur féodal tirait de ses serfs tout ce dont il avait besoin, soit*

---

[76] *Ibid.*, p. 115-116.
[77] *Ibid.*, p. 116.

sous la forme de travail, soit sous celle de produits finis ; {...} Toute domination féodale se suffisait à elle-même ; les prestations de guerre, elles aussi, étaient exigées en produits ; le commerce, l'échange n'existaient pas, l'argent était superflu[78].

Selon la position d'Engels, l'argent est devenu le moyen d'échange universel et :

Bien longtemps avant que les châteaux féodaux eussent été battus en brèche par les nouvelles pièces d'artillerie, ils étaient déjà minés par l'argent ; la poudre à canon ne fut que l'huissier au service de l'argent. L'argent était le grand rabot d'égalisation politique de la bourgeoisie. Partout où un rapport personnel était évincé par un rapport d'argent, une prestation en nature par une prestation en argent, un rapport bourgeois remplaçait un rapport féodal. Sans doute, la vieille forme d'économie naturelle brutale subsistait-elle dans l'écrasante majorité des cas ; mais il y avait déjà des districts entiers où, comme en Hollande, en Belgique, sur le cours inférieur du Rhin, les paysans livraient au seigneur de l'argent au lieu de corvées et de redevances en nature...[79].

Afin de justifier cette description historique, Engels parle de la soif d'or qui avait dominé l'aristocratie européenne (surtout portugaise et espagnole) après la découverte du continent qui sera nommé par la suite « américain ». Mais la remarque qui mérite selon nous l'attention, porte sur le rôle que la « découverte » et la conquête coloniale ont joué dans le démantèlement et la décomposition de la féodalité européenne. Plus particulièrement, les pratiques et les échanges auxquelles les aristocraties féodales se donnaient avaient à leur tour sapé les fondements de la féodalité, étant donné que cette dernière était incompatible avec la navigation et le développement de l'art maritime, beaucoup plus avec le commerce et avec la mer elle-même. Elle a été un mode de production basé sur l'agriculture et sur l'expropriation de

78 *Ibid.*, p. 116.
79 *Ibid.*, p. 116-117.

la production des serfs. La navigation, comme Engels le note bien, a été une activité bourgeoise et commerciale qui a contribué au caractère antiféodal de la nouvelle organisation sociale et économique.

À la suite de son texte, Engels se concentre sur les conditions sociales et économiques générales de la féodalité. À ses yeux, ce long et pénible passage d'une domination à une autre domination, a pris forme à travers le conflit entre les villes et les territoires féodaux, ainsi qu'à travers la subordination économique réussie par les bourgeois sur les maîtres féodaux, domination qui en certains endroits était aussi politique. Engels voit de nouveau l'influence de l'argent, même au sein des communautés rurales, qui était une des raisons de décomposition de la structure féodale. Il faut noter qu'Engels conçoit l'histoire et les transformations historiques, d'après les fondements du matérialisme historique, tels qu'on peut par exemple les voir exposés dans le *Manifeste du parti communiste*, où il y a une description relativement courte mais extrêmement dense de la façon avec laquelle, la bourgeoisie a substitué les anciens rapports et modes de vie de la féodalité, formant son propre monde social-historique, et pénétrant tous les rapports sociaux antérieurs. Ainsi, le matérialisme historique devient un *organon* interprétatif de l'histoire sociale qui dans ce cas, concerne le Saint-Empire. À savoir que le matérialisme historique ne concerne que le présent, mais c'est une compréhension du passé, autrement dit, c'est une « *décolonisation théorique du passé humain* ».

Néanmoins, pour reprendre le fil du texte, Engels estime que les populations rurales et urbaines avaient une demande commune, celle de l'arrêt « de l'éternel et absurde guerroiement » qui dominait les sociétés médiévales. Ces éléments ont trouvé un « allié » en la royauté et « *c'est là le point où la considération des rapports sociaux conduit à celle des rapports de l'État, où nous passons de l'économie à la politique* ».[80] Après avoir rapidement décrit la naissance et la présence des nouvelles nationalités et groupes linguistiques à la fin du Moyen Âge, facteur de renforcement du pouvoir central qui est en train d'entrer dans la scène historique, Engels passe à la compréhension du rôle du roi dans cette époque transitoire.

D'après Engels, le roi ne constituait pas véritablement l'autorité suprême de la pyramide féodale, qui était en réalité une structure complexe des intérêts, de droits, d'obligations divergentes constamment entrecroisées, qu'un édifice divisé en trois parties : rois, seigneurs et serfs. Engels ne voit simplement un pouvoir qui fonctionne de haut en bas, mais des pouvoirs qui fonctionnent simultanément et des conflits entre la royauté et la vassalité. C'est-à-dire qu'il perçoit comme noyau et cause de la fin de la féodalité, la lutte entre le pouvoir royal et le pouvoir vassal. Outre ceci, il insiste sur la caractérisation de cette époque et des pratiques de la chevalerie comme une époque meurtrière, de pillage, de perfidie et de bassesses cachées derrière le masque et la couverture de l'héroïsme et de l'honneur. Il continue en précisant au sujet de la royauté :

> *Il est évident que, dans ce chaos général, la royauté était l'élément de progrès. Elle représentait l'ordre dans le désordre, la nation en formation en face de l'émiettement en États vassaux rivaux. Tous les éléments révolutionnaires, qui se constituaient sous la surface*

[80] *Ibid.*, p. 118.

de la féodalité en étaient tout autant réduits à s'appuyer sur la royauté que celle-ci en était réduite à s'appuyer sur eux[81].

Engels soutient alors une idée assez paradoxale d'un premier point de vue, celle d'une « alliance » entre la bourgeoisie naissante et la royauté contre la féodalité. Bien plus, la royauté constituait le facteur de « progrès » contre le pouvoir vassal et territorial de cette époque, qui conduira à l'émergence de « l'état absolutiste » pour reprendre le terme de Perry Anderson. Mais, Engels ajoute aux plusieurs raisons qui ont contribué à la destruction de la féodalité, l'apparition et la formation de la nouvelle classe des *juristes* au sein de la formation sociale de l'Europe médiévale et qui petit à petit s'est embourgeoisée. Il dit ceci :

Les rois, aussi bien que les bourgeois, trouvaient un appui puissant dans la corporation naissante des juristes ; avec la redécouverte du droit romain, la division du travail s'opéra entre les prêtres, consultants de l'époque féodale, et les juristes non ecclésiastiques. Ces nouveaux juristes appartenaient essentiellement, dès l'origine, à la classe bourgeoise ; mais, d'autre part, le droit qu'ils étudiaient, enseignaient, exerçaient, était aussi essentiellement antiféodal par son caractère, et, à un certain point de vue, bourgeois. Le droit romain est à tel point l'expression juridique classique des conditions de vie et des conflits d'une société où règne la pure propriété privée, que toutes les législations postérieures n'ont pu y apporter aucune amélioration essentielle[82].

Engels reprend dans ce texte de 1884, une idée déjà développée dans *La Guerre des paysans en Allemagne*, celle de l'émergence du corps des juristes pendant le Moyen Âge. Donc, il est clair qu'au fond *La Guerre des paysans en Allemagne* est un écrit qu'Engels n'a jamais vraiment arrêté de retravailler, de compléter d'une façon ou d'une autre tout au long de sa vie. Outre ceci, on sait qu'Engels avait exprimé plusieurs fois son

[81] *Ibid.*, p. 119.
[82] *Ibid.*, p. 119-120.

intention de reprendre *La Guerre des paysans en Allemagne*, projet inachevé à cause de sa mort en 1895. Néanmoins, dans *La Guerre des paysans en Allemagne*, Engels avait déjà parlé du rapport des juristes avec le clergé :

> *Le clergé, représentant de l'idéologie féodale du Moyen Âge, ne se ressentait pas moins du bouleversement historique. L'invention de l'imprimerie et l'extension des besoins du commerce lui avaient enlevé le monopole, non seulement de la lecture et de l'écriture, mais aussi de la culture supérieure. La division du travail fit son apparition également dans le domaine intellectuel. Le clergé se vit évincer par la nouvelle caste des juristes de toute une série de postes extrêmement influents*[83].

Engels voit une autre raison pour la déchéance de la féodalité à la destruction parallèle de la chevalerie. À part le rôle de l'argent, de la bourgeoisie, de la royauté et des juristes, il y avait aussi la question militaire :

> *Nous avons vu comment, sur le plan économique, la noblesse féodale commença à devenir superflue, voir même gênante dans la société de la fin du Moyen Âge ; {...} Elle avait été maintenue malgré tout par cette circonstance qu'elle avait jusque-là le monopole du maniement des armes, que sans elle on ne pouvait faire de guerre ni livrer de bataille. Cela devrait changer aussi ; le dernier pas allait être fait pour prouver à la noblesse féodale que la période de la société et de l'État qu'elle dominait touchait à son terme, que, dans sa qualité de chevalier, même sur le champ de bataille, on ne pouvait plus l'utiliser.*[84]

Engels insiste énormément sur cette mutation des techniques militaires. Quant aux groupes sociaux qui s'enrôlaient dans la guerre à partir d'une certaine époque, c'est un processus qui a démantelé progressivement le rôle et l'importance de la chevalerie dans la structure sociale. Mais, il avait également parlé du rôle dégradé de la chevalerie dans *La Guerre des paysans en Allemagne* dans

---

[83] *Ibid.*, p. 33.
[84] *Ibid.*, p. 120.

son premier chapitre sur la situation sociale et économique dans le Saint-Empire. Ainsi avec la fin de la Guerre des paysans, les chevaliers étaient plutôt complètement soumis à la classe des princes. Cet intérêt d'Engels pour les changements et le rôle des techniques et des innovations militaires, et en général de la pratique de la guerre, provenait de sa passion pour l'histoire militaire. Ainsi, Engels explique la chute de la féodalité en se penchant sur ce nouveau facteur historique, l'apparition de l'infanterie et des archers dans le combat qui ont bouleversé les tactiques et la stratégie militaires. À savoir que les paysans libres et le bourgeois ont pris petit à petit l'avantage sur l'armée féodale, aidés par les princes. Cette situation s'aggravait avec l'usage de l'artillerie. Le canon de la campagne selon Engels, accorde le coup mortel et définitif à la puissance des seigneurs féodaux, c'est-à-dire leurs forteresses et leurs châteaux « *et annonce à la noblesse féodale que la poudre scellait la fin de son règne* »[85].

Pour conclure sur ce texte, Engels finit par rassembler les raisons de la décadence féodale. Plus spécialement, la diffusion de l'imprimerie et la floraison des études classiques sur la littérature grecque et romaine ont renforcé la contestation de l'ordre féodal. Bien plus, Engels décrit le mouvement à travers lequel le pouvoir royal s'installait en Europe à cette époque proche de la Réforme et de la Guerre des paysans, en Espagne avec le royaume d'Aragon, le royaume du Portugal, en France avec l'instauration par Louis XI d'un pouvoir centralisé et d'une « unité nationale » administrative. L'Angleterre avait institué sa dynastie après la guerre des Deux-Roses avec les Tudor. Les pays scandinaves avaient déjà fait des pas vers leur unité nationale, de même la Pologne et la Russie. Comme Engels dit « *il n'y avait que deux pays où*

[85] *Ibid.*, p. 122.

la royauté, et l'unité nationale alors impossible sans elle, n'existaient pas ou n'avaient existé que sur le papier : l'Italie et l'Allemagne »[86].

Ainsi, pour Engels la chute de la féodalité est causée par une multiplicité de raisons liées aux changements de la tactique et de la technique militaires, au renouvellement des études classiques, au développement de la navigation et à l'extension coloniale entreprise par l'Europe, bouleversant les rapports de production féodale. Outre ceci, l'argent et la place importante qui a commencé à avoir dans l'économie féodale, en sapant la toute-puissance des seigneurs et en privilégiant le commerce et la classe ascendante des bourgeois. Toute cette conception multifactorielle proposée par Engels, peut rejoindre la première phrase de son autre texte dont on a fait le résumé :

> *La Réforme – luthérienne et calviniste – révolution n°1 de la bourgeoisie, dans laquelle la Guerre des paysans constitue l'épisode critique. Décomposition du féodalisme ainsi que développement des villes, tous deux ayant un effet décentralisateur, ce qui rend la monarchie absolue directement nécessaire pour maintenir la cohésion des nationalités. Il fallait qu'elle soit absolue précisément à cause du caractère centrifuge de tous les éléments*[87].

De même, la conception d'Engels en ce qui concerne les causes de la Guerre des paysans peut être mise en parallèle avec les causes de la chute de la féodalité, puisque d'après cette vision, 1525 fut principalement une lutte acharnée contre la féodalité et l'Église catholique, qui exploitait leur situation sociale et leur travail. On peut mieux comprendre le schéma engelsien, si on considère

---

[86] *Ibid.*, p. 123.
[87] *Ibid.*, p. 113.

qu'il y a deux cycles avec le même épicentre. La Réforme et la Guerre des paysans ont un centre commun, mais une brèche assez violente les distingue au moment de la séparation des paysans et des groupes plébéiens du mouvement contestataire et pacifique mené par Luther et la formation des troupes armées par les paysans. Engels dans *La Guerre des paysans en Allemagne* insiste beaucoup plus sur la situation de la paysannerie que dans le texte qu'on vient d'étudier, où il met l'accent sur les raisons du déclin de la féodalité et sur le processus à travers lequel la bourgeoisie a pu devenir maître du monde social et de l'activité économique.

Ce texte ne se réfère pas à la Guerre des paysans, mais il nous intéresse apparemment parce qu'il se réfère à la même période et aborde les mêmes questions historiques que *La Guerre des paysans en Allemagne*. Il s'agit ici pour Engels de faire un deuxième résumé de la situation sociale et économique du Saint-Empire, cette fois sans s'attarder trop sur la question des classes et des groupes opposés qui se mettent en conflit, mais plutôt en détaillant l'émergence d'une nouvelle forme sociale-historique sous l'aspect critique des changements radicaux sur le plan économique, militaire et politique.

Il ne faut pas non plus oublier que ce texte sur la féodalité et la bourgeoisie fait partie de la plus vaste conception du matérialisme historique dont Marx et Engels avaient jeté les fondements dès le milieu des années 1840. Autrement dit, selon Marx et Engels l'histoire humaine ainsi que les modes de production dominants font partie d'un mouvement continu de formation, de destruction et de passage d'une forme sociale à une autre[88]. De là, pour les deux fondateurs du communisme scientifique, l'histoire humaine avant le communisme - qui est selon eux une préhistoire, étant donné que les êtres humains n'étaient pas en position de maîtriser rationnellement leur propre activité sociale - se divise en quatre moments principaux : celle du communisme primitif, celle de l'esclavage antique, puis de la féodalité médiévale et finalement celle de la bourgeoisie. D'après la vision de Marx et d'Engels, la Guerre des paysans s'inscrit bel et bien à la fin du troisième moment de l'histoire humaine, celui de la féodalité médiévale qui est en train de s'effondrer, donnant sa place aux rapports bourgeois. La singularité de l'événement, probablement le plus révolutionnaire de l'histoire allemande, repose sur le fait que les paysans ont mis violemment en cause, d'une part, l'ordre féodal, ou en tout cas les aspects de cet ordre qui étouffaient et opprimaient le plus leur existence, et, d'autre part, la dure réalité, qu'à cause des raisons déjà énumérées, leurs grands combats audacieux ont échoué.

[88] Il faut dire que Marx et Engels étaient bien conscients que le mode de production dominant dans chaque formation sociale et période n'est pas uniforme, et qu'au sein du même mode de production économique, il peut y avoir d'anciens modes de production, plus exactement des résidus qui persistent.

Bibliographie

Livres et articles

Blickle, Peter : *Die Revolution von 1525,* R.Oldenbourg Verlag München, 2004.

- *Der Bauernkrieg, Die Revolution des Gemeinen Mannes,* C.H Beck, München, 2005.
- *Der deutsche Bauernkrieg,* en collaboration avec Horst Buszello et Rudolf Endres, Éditions UTB für Wissenschaft, Paderborn, München, Wien, Zürich: Schöningh, 1984.

Bloch, Ernst, *Thomas Müntzer : théologien de la révolution*, UGE, 10/18, Paris, 1975.

Engels, Friedrich : *Der deutsche Bauernkrieg*, in: *Karl Marx-Friedrich Engels Werke,* Bd. 7, Dietz Verlag Berlin, 1978.

- *Zum „Bauernkrieg"* et *Uber den Verfall des Feudalismus und das Aufkommen der Bourgeoisie*, in: *Karl Marx-Friedrich Engels Werke*, Bd. 21, p.392-401, Dietz Verlag Berlin, 1962.
- *La guerre des paysans en Allemagne, Notes pour la « Guerre des paysans », La décadence de la féodalité et l'essor de la bourgeoisie,* Introduction, traduction entièrement revue et notes d'Emile Bottigelli, Éditions Sociales, Paris, 1974.

- *Ο πόλεμος των χωρικών,* traduit en grec par Thanasis Paparigas, Éditions Sinxroni epoxi, Athènes, 1991.
- *Die deutsche Ideologie*, in : *Karl Marx-Friedrich Engels Werke,* Bd. 3, en collaboration avec Karl Marx, Dietz Verlag Berlin, 1958.

Foschepoth, Josef : *Reformation und Bauernkrieg im Geschichtsbild der DDR, Zur Methodologie eines gewandelten Geschichtsverständnisses*, Historische Forschungen, Duncker & Humblot, Berlin, 1976.

Lefebvre, J : *Luther et l'autorité temporelle, 1521-1525*, Paris, Aubier, 1973.

Marx, Karl et Friedrich Engels *: Le Manifeste du parti communiste*, 1848, traduit par Emile Bottigelli, Garnier Flammarion, Paris, 1998.

- *Contribution à la critique de « la Philosophie du droit » de Hegel* in : *Œuvres complètes*, traduction J. Molitor, Éditions Champ Libre, Paris, 1981.
- *La Question juive*, traduit par Jean-Michel Palmier, UGE, Paris, 1968.
- *Marx-Engels Werke*, Band 1, *Zur Judenfrage*, Dietz Verlag, Berlin, 1972.

Neveux, Hugues : *Les révoltes paysannes en Europe XIV-XVII siècle,* collection *« L'évolution de l'humanité »,* Éditions Albin Michel, Paris, 1997.

Scott Tom et Scribner Bob, *The German Peasants' War: A History in Documents*, Atlantic Highlands, N.J. : Humanities Press, 1991.

Table des matières

Structures éditoriales du groupe L'Harmattan

L'Harmattan Italie
Via degli Artisti, 15
10124 Torino
harmattan.italia@gmail.com

L'Harmattan Hongrie
Kossuth l. u. 14-16.
1053 Budapest
harmattan@harmattan.hu

L'Harmattan Sénégal
10 VDN en face Mermoz
BP 45034 Dakar-Fann
senharmattan@gmail.com

L'Harmattan Cameroun
TSINGA/FECAFOOT
BP 11486 Yaoundé
inkoukam@gmail.com

L'Harmattan Burkina Faso
Achille Somé – tengnule@hotmail.fr

L'Harmattan Guinée
Almamya, rue KA 028 OKB Agency
BP 3470 Conakry
harmattanguinee@yahoo.fr

L'Harmattan RDC
185, avenue Nyangwe
Commune de Lingwala – Kinshasa
matangilamusadila@yahoo.fr

L'Harmattan Congo
67, boulevard Denis-Sassou-N'Guesso
BP 2874 Brazzaville
harmattan.congo@yahoo.fr

L'Harmattan Mali
Sirakoro-Meguetana V31
Bamako
syllaka@yahoo.fr

L'Harmattan Togo
Djidjole – Lomé
Maison Amela
face EPP BATOME
ddamela@aol.com

L'Harmattan Côte d'Ivoire
Résidence Karl – Cité des Arts
Abidjan-Cocody
03 BP 1588 Abidjan
espace_harmattan.ci@hotmail.fr

L'Harmattan Algérie
22, rue Moulay-Mohamed
31000 Oran
info2@harmattan-algerie.com

L'Harmattan Maroc
5, rue Ferrane-Kouicha, Talaâ-Elkbira
Chrableyine, Fès-Médine
30000 Fès
harmattan.maroc@gmail.com

Nos librairies en France

Librairie internationale
16, rue des Écoles – 75005 Paris
librairie.internationale@harmattan.fr
01 40 46 79 11
www.librairieharmattan.com

Librairie l'Espace Harmattan
21 bis, rue des Écoles – 75005 Paris
librairie.espace@harmattan.fr
01 43 29 49 42

Lib. sciences humaines & histoire
21, rue des Écoles – 75005 Paris
librairie.sh@harmattan.fr
01 46 34 13 71
www.librairieharmattansh.com

Lib. Méditerranée & Moyen-Orient
7, rue des Carmes – 75005 Paris
librairie.mediterranee@harmattan.fr
01 43 29 71 15

Librairie Le Lucernaire
53, rue Notre-Dame-des-Champs – 75006 Paris
librairie@lucernaire.fr
01 42 22 67 13

www.ingramcontent.com/pod-product-compliance
Lightning Source LLC
LaVergne TN
LVHW010433230826
846092LV00009BA/1145
9782343207704